SLOVAK-ENGLISH
ENGLISH-SLOVAK
DICTIONARY

HIPPOCRENE CONCISE DICTIONARY

SLOVAK-ENGLISH ENGLISH-SLOVAK DICTIONARY

NINA TRNKA

HIPPOCRENE BOOKS
New York

3rd Printing, 1995

For information address:
HIPPOCRENE BOOKS, INC.
171 Madison Avenue
New York, NY 10016

ISBN 0-87052-115-2

Printed in the United States of America.

CONTENTS

PRONUNCIATION

´ ˆ long mark

ˇ ' soft mark

Slovak Spelling	Transcription	Remarks
Vowels and Diphthongs		
a	/a/	''ma-ma''
á	/á/	fast
ä	/ae/	rat
e	/e/	net
é	/é/	term
i, y	/i/	in, it
í, ý	/ee/	meet
o	/o/	loss
ó, ô	/ó/	sport
u	/u/	put, push
ú	/oo/	tool
au, eu	/aw, ew/	
ou	/ow/	show
ia	/ya/	yard
ie	/ye/	yes
Consonants		
c	/ts/	tsar
č	/ch/	chin
g	/g/	gate
h	/h/	home

ch	/kh/	khaki
j	/y/	yet
k	/k/	king
r	/r/	red
s	/s/	star
š	/sh/	ship
ž	/zh/	measure

In Slovak the strongest stress is on the first syllable.

Transcription of English Spelling	Remarks
/a/	duck
/á/	grass
/ae/	pad
/e/	bell
/e̱/	order
/é/	thirst
/i/	ill
/í/	week
/o/	lost
/ó/	tall
/u/	put
/ú/	thruth
/aj/	mine
/ej/	name
/oj/	oil
/au/	house

/ou/	road
/dz/	they
/S/	thank
/j/	year
/k/	cat, king
/s/	cemetery, safe
/č/	change
/š/	shop
/ž/	vision
/g/	long
/r̲/	far

/ˊ/... Mark preceding a syllable with primary /strongest/ stress

/ˎ/... Mark preceding a syllable with secondary stress

ABREVIATIONS

adj.	adjective	prep.	preposition
adv.	adverb	pron.	pronoun
conj.	conjunction	s.	substantive
f.	substantive feminine	v.	verb
int.	interjection		
m.	substantive masculine		
n.	substantive neuter		
part.	particle		
pl.	substantive plural		

A

a /a/ conj. and, plus
abeceda /a-be-tse-da/ f. alphabet
absolútny /ab-so-loot-ni/ adj. absolute
absolvovat' /ab-sol-vo-vat'/ v. graduate
aby /a-bi/ conj. so that, in order to
adresa /ad-re-sa/ f. address
advokát /ad-vo-kát/ m. lawyer, attorney
aerolínia /é-ro-lee-ni-ya/ f. airline
agent /a-gent/ m. agent
agentúra /a-gen-too-ra/ f. agency
ak /ak/ conj. if, in case
akcia /ak-tsi-ya/ f. action, share
ako /a-ko/ adv. as, like, how
akoby /a-ko-bi/ conj. as if
akokol'vek /a-ko-kol'-vek/ adv. however,
   anyhow
akost' /a-kost'/ f. quality
akt /akt/ m. act, document
aktív /ak-teef/ m. meeting, gathering
aktovka /ak-tof-ka/ f. brief-case
aký /a-kee/ pron. what, as...as
akýkol'vek /a-kee-kol'-vek/ pron. any,
   whatever
album /al-bum/ m. album
ale /a-le/ conj. but, though

alkohol /al-ko-hol/ m. alcohol

ambulancia /am-bu-lan-tsi-ya/ f. ambulance, out-patients' department

americký /a-me-rits-kee/ adj. American

Američan /a-me-ri-chan/ m. American

Amerika /a-me-ri-ka/ f. America

ananás /a-na-nás/ m. pine-apple

Anglicko /an-glits-ko/ n. England

anglický /an-glits-kee/ adj. English

Angličan /an-gli-chan/ m. Englishman

angličtina /an-glich-tyi-na/ f. English

ani /a-nyi/ conj. not even, neither-nor

anjel /an-yel/ m. angel

áno /á-no/ adv. yes, quite

antický /an-tits-kee/ adj. antique

antikvárny /an-ti-kvár-ni/ adj. second-hand

aparát /a-pa-rát/ m. camera, apparatus

aperitív /a-pe-ri-teef/ m. appetizer

apríl /ap-reel/ m. April

argument /ar-gu-ment/ m. argument, reason

archeológia /ar-khe-o-ló-gi-ya/ f. archaelogy

architektúra /ar-khi-tek-too-ra/ f. architecture

armáda /ar-má-da/ f. army

asi /a-si/ adv. about, some, perhaps

asistent /a-sis-tent/ m. assistant

aspoň /as-pon^y/ conj. at least

astronómia /as-tro-nó-mi-ya/ f. astro-
  nomy

atď abr. etc., and so on

atmosféra /at-mos-fé-ra/ f. atmosphere

atóm /a-tóm/ m. atom

atrament /a-tra-ment/ m. ink

august /aw-gust/ m. August

auto /aw-to/ n. car, automobile

autobus /aw-to-bus/ m. bus

autokar /aw-to-kar/ m. coach

automat /aw-to-mat/ m. slot-machine,
  snack-bar, machine-gun

automatický /aw-to-ma-tits-kee/ adj. au-
  tomatic

autostop /aw-to-stop/ m. hitch-hiking

autostráda /aw-to-strá-da/ f. higway,
  motorway

avšak /af-shak/ conj. but, however

azyl /a-zil/ m. asylum

až /ash/ adv. till, until, as far as

B

baba /ba-ba/ f. old woman, hag

babička /ba-bich-ka/ f. grandmother

bábika /bá-bi-ka/ f. doll

bádanie /bá-da-nye/ n. research
bahno /bah-no/ n. mud, bog, swamp
báječný /bá-yech-nee/ adj. wonderful,
  fabulous, gorgeous
bájka /báy-ka/ f. fable
balet /ba-let/ m. ballet
balík /ba-leek/ m. parcel, packet
balit' /ba-lit'/ v. wrap, pack
balkón /bal-kón/ m. balcony
baňa /ba-nya/ f. mine
banán /ba-nán/ m. banana
banda /ban-da/ f. gang
baník /ba-nyeek/ m. miner
banka /ban-ka/ f. bank
bankovka /ban-kof-ka/ f. bank-bill,
  bank-note
bar /bar/ m. night-club
baran /ba-ran/ m. ram
baranina /ba-ra-nyi-na/ f. mutton, lamb
barina /ba-ri-na/ f. swamp, marsh
barla /bar-la/ f. crutch
báseň /bá-sen^y/ f. poem
básnik /bás-nyik/ m. poet
bát' sa /bát' sa/ v. fear, be afraid of
batéria /ba-té-ri-ya/ f. battery
baterka /ba-ter-ka/ f. torch, flash-light
batoh /ba-tokh/ m. back-pack, knapsack

batožina /ba-to-zhi-na/ f. baggage, luggage

bavit'/sa /ba-vit' sa/ v. amuse, entertain, enjoy, have a good time

bavlna /ba-vl-na/ f. cotton

bazén /ba-zén/ m. swimming pool

bažant /ba-zhant/ m. pheasant

bdelý /bdye-lee/ adj. vigilant, alert

bdiet' /bdyet'/ v. be awake, watch

behat' /be-hat'/ v. run

beloch /be-lokh/ m. white man

benzín /ben-zeen/ m. gas, petrol

betón /be-tón/ m. concrete

bez, bezo /bez, be-zo/ prep. without, less, minus

bezbolestný /bez-bo-lest-nee/ adj. painless

bezcenný /bez-tse-nee/ adj. worthless, of no value

bezdetný /bez-dyet-nee/ adj. childless

bezmocný /bez-mots-nee/ adj. helpless

beznádejný /bez-ná-dyey-nee/ adj. hopeless

bezohl'adný /be-zo-hlyad-nee/ adj. inconsiderate, ruthless

bezpečnost' /bez-pech-nost'/ f. safety, security

bezpečný /bez-pech-nee/ adj. safe, secure

bezplatný /bez-plat-nee/ adj. free of
  charge

bezprávie /bez-prá-vye/ n. injustice

bezradný /bez-rad-nee/ adj. helpless

bezvedomie /bez-ve-do-mye/ n. uncon-
  sciousness

bezvýznamný /bez-veez-nam-nee/ adj. in-
  significant, unimportant

bežať' /be-zhat'/ v. run

biblia /bib-li-ya/ f. the Bible

bicykel /bi-tsi-kel/ m. bicycle

bič /bich/ m. whip

bieda /bye-da/ f. poverty, misery

biedny /byed-ni/ adj. poor, miserable

bielizeň /bye-li-zen^y/ f. underwear,
  linen

bielok /bye-lok/ m. white of an egg

biely /bye-li/ adj. white

biológia /bi-yo-ló-gi-ya/ f. biology

bit' /bit'/ v. beat, strike, thrash

bitka /bit-ka/ f. battle, fight, beating

blaho /bla-ho/ n. bliss

blahobyt /bla-ho-bit/ m. wealth, prospe-
  rity

blahoprianie /bla-ho-prya-nye/ n. con-
  gratulation

blana /bla-na/ f. membrane

blanketa /blan-ke-ta/ f. form

blato /bla-to/ n. mud

bláznivý /bláz-nyi-vee/ adj. crazy, mad, insane

blázon /blá-zon/ m. madman, fool

bledý /ble-dee/ adj. pale

blesk /blesk/ m. lightning

blcha /bl-kha/ f. flea

blízko /blees-ko/ adv. near, close

blížiť sa /blee-zhiť sa/ v. approach, get near

blond /blond/ adj. blonde, fair

blúdiť /bloo-dyiť/ v. wander

blúza /bloo-za/ f. blouse

blýskať sa /blees-kať sa/ v. lighten, glitter, sparkle

bobor /bo-bor/ m. beaver

bobuľa /bo-bu-lya/ f. berry

bocian /bo-tsyan/ m. stork

bod /bot/ m. point, dot

bodnúť /bod-nooť/ v. stab, prick, sting

boh /bokh/ m. god

bohatstvo /bo-hats-tvo/ n. wealth, fortune, abundance

bohatý /bo-ha-tee/ adj. rich, wealthy

bohužiaľ /bo-hu-zhyaľ/ int. unfortunately, I am sorry

bochník /bokh-nyeek/ m. loaf

bojovat' /bo-yo-vat'/ v. fight, struggle

bok /bok/ m. hip, side

bol'avý /bo-lya-vee/ adj. sore, aching

bolesť /bo-lesť/ f. pain, ache

boliet' /bo-lyet'/ v. hurt, ache

bomba /bom-ba/ f. bomb

bonbón /bon-bón/ m. sweet

borit' /bo-rit'/ v. pull down, destroy, demolish

borovica /bo-ro-vi-tsa/ f. pine

bota /bo-ta/ f. boot, shoe

bozk /bosk/ m. kiss

bozkat' /bos-kat'/ v. kiss

bôb /bób/ m. bean

brada /bra-da/ f. chin, beard

brána /brá-na/ f. gate

brániť /brá-nyiť/ v. defend, protect

brat /brat/ m. brother

brat' /brat'/ v. take

bratranec /bra-tra-nyets/ m. cousin

bravčovina /braf-cho-vi-na/ f. pork

breh /brekh/ m. bank, shore, coast

bremeno /bre-me-no/ n. burden, load

breza /bre-za/ f. birch

britva /brit-va/ f. razor

bronz /bronz/ m. bronze

broskyňa /bros-ki-nya/ f. peach

brošňa /brosh-nya/ f. brooch

brožúra /bro-zhoo-ra/ f. booklet
brucho /bru-kho/ n. belly, abdomen
brúsit' /broo-sit'/ v. sharpen, whet
brusnica /brus-nyi-tsa/ f. cranberry
brzda /brz-da/ f. brake
bublat' /bub-lat'/ v. bubble, gurgle
bubon /bu-bon/ m. drum
buď...alebo /bud^y..a-le-bo/ conj. either ...or
búda /boo-da/ f. hut, booth
budík /bu-dyeek/ m. alarm-clock
budit' /bu-dyit'/ v. wake up, arouse
budova /bu-do-va/ f. building
budovat' /bu-do-vat'/ v. build /up/, construct
budúci /bu-doo-tsi/ adj. future
budúcnost' /bu-doots-nost'/ f. future
bufet /bu-fet/ m. snack-bar, cafeteria
búchat' /boo-khat'/ v. bang, slam
buchta /bukh-ta/ f. cake
bunka /bun-ka/ f. cell
búrat' /boo-rat'/ v. pull down, demolish
búrit' sa /boo-rit' sa/ v. rebel
búrka /boor-ka/ f. storm
burza /bur-za/ f. exchange, stock exchange
bydlisko /bid-lis-ko/ n. residence

být /beek/ m. bull
bylina /bi-li-na/ f. herb
bystrý /bis-tree/ adj. bright, sharp
byt /bit/ m. apartment, flat
byť /bit'/ v. be, exist
bývalý /bee-va-lee/ adj. former, late
bývať /bee-vat'/ v. live, stay, reside

C

cedidlo /tse-dyid-lo/ n. strainer
cediť /tse-dyit'/ v. strain
celkom /tsel-kom/ adv. altogether, en-
 tirely
celkový /tsel-ko-vee/ adj. total, entire
celý /tse-lee/ adj. whole, entire, all
cena /tse-na/ f. price, cost, value,
 award, prize
cenník /tse-nyeek/ m. price-list
cenný /tse-nee/ adj. valuable
centimeter /tsen-ti-me-tyer/ m. centimeter
ceruza /tse-ru-za/ f. pencil
cesnak /tses-nak/ m. garlic
cesta /tses-ta/ f. way, road, path, trip
cesto /tses-to/ n. dough
cestovať /tses-to-vat'/ v. travel, tour
cestujúci /tses-tu-yoo-tsi/ m. passenger,
 traveller

cez /tses/ prep. across, over
cibuľa /tsi-bu-lya/ f. onion, bulb
cieľ /tsyel'/ m. aim, goal, mark
cieva /tsye-va/ f. blood vessel
cigán /tsi-gán/ m. Gipsy
cigareta /tsi-ga-re-ta/ f. cigarette
cín /tseen/ m. tin
cintorín /tsin-to-reen/ m. cemetery
cirkev /tsir-kef/ f. church
cisár /tsi-sár/ m. emperor
cit /tsit/ m. feeling, emotion
cítiť /tsee-tyit'/ v. feel, smell
citlivý /tsit-li-vee/ adj. sensitive
citrón /tsit-rón/ m. lemon
clo /tslo/ n. customs, duty
cnosť /tsnost'/ f. virtue
colnica /tsol-nyi-tsa/ f. custom-house
ctiť /tstyit'/ v. respect, honor
ctižiadostivý /tsti-zhya-dos-tyi-vee/
  adj. ambitious
cudzí /tsud-zee/ adj. strange, foreign
cudzina /tsud-zi-na/ f. foreign country,
  abroad
cudzinec /tsud-zi-nyets/m. foreigner,
  stranger
cukor /tsu-kor/ m. sugar
cukráreň /tsu-krá-ren^y/ f. sweetshop,
  candy store

cukrovinky /tsuk-ro-vin-ki/ pl. sweets, candies

cúvat' /tsoo-vat'/ v. back, retreat

cvičebnica /tsvi-cheb-nyi-tsa/ f. text-book

cvičenie /tsvi-che-nye/ n. exercise, practise, training

cvičit' /tsvi-chit'/ exercise, train, practise

č

čaj /chay/ m. tea

čajník /chay-nyeek/ m. tea-pot

čakat' /cha-kat'/ v. wait, expect

čapica /cha-pi-tsa/ f. cap

čarodejnica /cha-ro-dyey-nyi-tsa/ f. witch

čas /chas/ m. time

časopis /cha-so-pis/ m. magazine, journal

čast' /chast'/ f. part, section, share

často /chas-to/ adv. often, frequently

čašník /chash-nyeek/ m. waiter

Čech /chekh/ m. Czech

Čechy /che-khi/ pl. Bohemia

čelo /che-lo/ n. forehead, front

čerešňa /che-resh-nya/ f. cherry

černoch /cher-nokh/ m. Negro, black man
čerpať /cher-pat'/ v. pump, draw
čerstvý /cher-stvee/ adj. fresh
čert /chert/ m. devil
červ /cherf/ m. worm
červený /cher-ve-nee/ adj. red
česať /che-sat'/ v. comb, pick
Česko-Slovensko /ches-ko-slo-ven-sko/ n.
  Czechoslovakia
česť /chest'/ f. honor
čeština /chesh-tyi-na/ f. Czech
čí /chee/ pron. whose
čiara /chya-ra/ f. line
čierny /chyer-ni/ adj. black
čin /chin/ m. act, action
činiť /chi-nyit'/ v. make, do
činnosť /chi-nost'/ f. activity
činný /chi-nee/ adj. active
číslo /chees-lo/ n. number, size
čistiareň /chis-tya-ren^y/ f. dry-cleaner's
čistiť /chis-tyit'/ v. clean, cleanse
čistý /chis-tee/ adj. clean, clear
čítať /chee-tat'/ v. read
článok /chlá-nok/ m. article, link
člen /chlen/ m. member
členok /chle-nok/ m. ankle
čln /chln/ m. boat

človek /chlo-vek/ m. man, person, human
  being
čo /cho/ pron. what, which
čokoláda /cho-ko-lá-da/ f. chocolate
čokoľvek /cho-koľ-vek/ pron. whatever,
  anything
črevo /chre-vo/ n. intestine
čučoriedka /chu-cho-ryed-ka/ f. blue-
  berry, bilbery
čudný /chud-nee/ adj. strange, odd
čuch /chukh/ m. smell
čuchat' /chu-khat'/ v. smell, sniff
čulý /chu-lee/ adj. lively, busy, alert

D, Ď

ďakovat' /dya-ko-vat'/ v. thank, thanks
ďalej /dya-ley/ adv. further, come in
ďaleko /dya-le-ko/ adv. far, a long way
ďalší /dyal-shee/ adj. next, following,
  additional, further
dáma /dá-ma/ f. lady
daň /dan^y/ f. tax
dar /dar/ m. gift, present
darovat' /da-ro-vat'/ v. present, donate
dat' /dat'/ v. give, put, place
dátum /dá-tum/ n. date

dav /daf/ m. crowd
dávka /dáf-ka/ f. portion, dose
dávno /dáv-no/ adv. long ago
dážd' /dázht'/ m. rain
dáždnik /dázhd-nyik/ m. umbrella
dcéra /tsé-ra/ f. daughter
debata /dye-ba-ta/ f. discussion, debate
debna /dyeb-na/ f. box, case
december /dye-tsem-ber/ m. December
decimeter /dye-tsi-me-tyer/ m. decimeter
dedič /dye-dyich/ m. heir
dedičstvo /dye-dyich-stvo/ n. inherit-
  ance, heritage
dedina /dye-dyi-na/ f. village
dedit' /dye-dyit'/ v. inherit
dej /dyey/ m. action, story
dejepis /dye-ye-pis/ m. history
deka /dye-ka/ f. cover, blanket
dekagram /dye-ka-gram/ m. dekagram
delegácia /dye-le-gá-tsi-ya/ f.delegation
delenie /dye-le-nye/ n. division
delit' /dye-lit'/ v. divide, share
demokracia /dye-mo-kra-tsi-ya/ f. demo-
  cracy
demonštrácia /dye-mon-shtrá-tsi-ya/ f.
  demonstration
deň /dyen^y/ m. day

denne /dye-nye/ adv. daily, every day
depresia /de-pre-si-ya/ f. depression
desat' /dye-sat'/ num. ten
detský /dyet-skee/ adj. childish
detstvo /dyet-stvo/ n. childhood
devät' /dye-vaet'/ num. nine
devät'desiat /dye-vaet'-dye-syat/ num.
  ninety
devätnást' /dye-vaet-nást'/ num. nineteen
dial'ka /dyal'-ka/ f. distance, far away
diamant /di-ya-mant/ m. diamond
diapozitív /di-ya-po-zi-teef/ m. slide
diel /dyel/ m. portion, part, share
dielňa /dyel-nya/ f. workshop
dielo /dye-lo/ n. work
diera /dye-ra/ f. hole, leak
diéta /di-yé-ta/ f. diet
diet'a /dye-tya/ n. child, baby, kid
dievča /dyef-cha/ n. girl
diktovat' /dik-to-vat'/ v. dictate
diplomat /di-plo-mat/ m. diplomat
dirigent /di-ri-gent/ m. conductor
divadlo /dyi-vad-lo/ n. theater
dívat' sa /dyee-vat' sa/ v. look, watch
divina /dyi-vi-na/ f. venison, game
divit' sa /dyi-vit' sa/ v. wonder
divný /dyiv-nee/ adj. strange, odd, queer

divoký /dyi-vo-kee/ adj. wild, savage,
  fierce

dlaň /dlan^y/ f. palm

dláždenie /dlázh-dye-nye/ n. pavement

dlaždica /dlazh-dyi-tsa/ f. tile, paving
  stone

dlážka /dlázh-ka/ f. floor

dlh /dlkh/ m. debt

dlho /dl-ho/ adv. long, a long time

dlhý /dl-hee/ adj. long

dĺžka /dlzh-ka/ f. length, longitude

dnes /dnyes/ adv. today

dno /dno/ n. bottom

do /do/ prep. to, into, till, until

doba /do-ba/ f. time, period, season

dobre /dob-re/ adv. well, O.K., allright

dobrodružný /do-bro-druzh-nee/ adj. ad-
  venturous

dobrovol'nee /do-bro-vol'nee/ adj. vo-
  luntary

dobrý /dob-ree/ adj. good

dobytok /do-bi-tok/ m. cattle

dočasný /do-chas-nee/ adj. temporary

dodat' /do-dat'/ v. add, deliver

dodávka /do-dáf-ka/ f. delivery, supply

dohoda /do-ho-da/ f. agreement

dohodnút' sa /do-hod-noot' sa/ v. agree

dohromady /do-hro-ma-di/ adv. together

dochádzka /do-khádz-ka/ f. attendance

dojat' /do-yat'/ v. move, touch

dojem /do-yem/ m. impression

dojemný /do-yem-nee/ adj. moving, touching

dokázat' /do-ká-zat'/ v. prove, demonstrate, achieve

dokial' /do-kyal'/ prep. as long as, while

doklad /do-klat/ m. document

dokonalý /do-ko-na-lee/ adj. perfect

dokonca /do-kon-tsa/ adv. even

dokončit' /do-kon-chit'/ v. finish, complete

doktor /dok-tor/ m. doctor

dolár /do-lár/ m. dollar

dol'ava /do-lya-va/ adv. to the left

dole /do-le/ adv. down, below

dolný /dol-nee/ adj. lower

dom /dom/ m. house

doma /do-ma/ adv. at home

domáci /do-má-tsi/ adj. domestic, home, f. landlady, m. landlord

domnievat' sa /do-mnye-vat' sa/ v. suppose, assume

domorodý /do-mo-ro-dee/ adj. native

domov /do-mof/ m. home

domýšl'avý /do-meesh-lya-vee/ adj. conceited, arrogant

doniest' /do-nyest'/ v. bring, take

dopoludnie /do-po-lud-nye/ n. morning

doporučene /do-po-ru-che-nye/ adv.
  registered

doporučit' /do-po-ru-chit'/ v. recommend,
  suggest

doposial' /do-po-syal'/ adv. up to now,
  so far

doprava /do-pra-va/ adv. to the right,
  f. transport, traffic

dopravit' /do-pra-vit'/ v. transport,
  carry

dopredu /do-pre-du/ adv. forward, ahead

dorozumiet' sa /do-ro-zu-myet' sa/ v.
  make oneself understood

dosiahnut' /do-syah-nut'/ v. reach,
  achieve

doska /dos-ka/ f. board, plate, cover

dospelý /dos-pe-lee/ adj. adult, mature

dospiet' /dos-pyet'/ v. grow up, mature,
  come to the conclusion

dost' /dost'/ adv. enough, fairly

dostat' /dos-tat'/ v. get, receive, obtain

dostatočný /dos-ta-toch-nee/ adj. suf-
  ficient, adequate

dostavit' sa /dos-ta-vit' sa/ v. appear,
  come along

dostihy /dos-tyi-hi/ pl. races

dosvedčit' /do-svet-chit'/ v. testify

dotaz /do-tas/ m. inquiry

dotazník /do-taz-nyeek/ m. questionnaire

dotknút' sa /dot-knoot' sa/ v. touch,
  hint at

dotyk /do-tik/ m. touch, contact

dovážat' /do-vá-zhat'/ v. import

dovolenka /do-vo-len-ka/ f. leave,holi-
  day, vacation

dovolit' /do-vo-lit'/ v. allow, permit,
  let, leave

dovoz /do-vos/ m. import

dozadu /do-za-dų/ adv. back

dozor /do-zor/ m. supervision, control,
  inspection

dôchodok /dó-kho-dok/ m. income, pension

dôkaz /dó-kas/ m. proof, evidence

dôkladný /dó-klad-nee/ adj. thorough

dôležitý /dó-le-zhi-tee/ adj. important

dôraz /dó-ras/ m. stress, emphasis

dôsledný /dó-sled-nee/ adj. consistent

dôsledok /dó-sle-dok/ m. consequence

dôvera /dó-ve-ra/ f. confidence, trust

dôverný /dó-ver-nee/ adj. confidential,
  intimate

dôvod /dó-vot/ m. reason, grounds

dráha /drá-ha/ f. course, track, railway

drahý /dra-hee/ adj. dear, expensive

dráp /dráp/ m. claw

dražba /drazh-ba/ f. auction

dráždiť /drázh-dyiť/ v. irritate, pro-
voke, tease

drevený /dre-ve-nee/ adj. wooden

drevo /dre-vo/ n. wood, lumber, timber

driek /dryek/ m. waist, trunk

drobiť /dro-biť/ v. crumble

drobné /drob-né/ pl. small change

drobný /drob-nee/ adj. tiny, slight

droga /dro-ga/ f. drug

drogéria /dro-gé-ri-ya/ f. drugstore,
chemist's

drôt /drót/ m. wire

drsný /drs-nee/ adj. rough, coarse

druh /drukh/ m. companion, mate, sort,
kind, brand, species

druhý /dru-hee/ adj. second, another

družstvo /druzh-stvo/ n. co-operative,
team

drzý /dr-zee/ adj. impertinent, arrogant

držať /dr-zhať/ v. hold, keep

držky /drzh-ki/ pl. tripe

dub /dup/ m. oak

dúfať /doo-fať/ v. hope

duch /dukh/ m. spirit, ghost
duniet' /du-nyet'/ v. thunder, roar
dupat' /du-pat'/ v. stamp, trample
dusit' /du-sit'/ v. choke, suffocate,
  stew
duša /du-sha/ f. soul, tube
duševný /du-shev-nee/ adj. mental
dva /dva/ num. two
dvadsat' /dvat-sat'/ num. twenty
dvanást' /dva-nást'/ num. twelve
dvere /dve-re/ pl. door
dvíhat' /dvee-hat'/ v. lift, raise
dvojča /dvoy-cha/ n. twin
dvojica /dvo-yi-tsa/ f. couple, pair
dvojitý /dvo-yi-tee/ adj. double
dvor /dvor/ m. yard, court
dýchat' /dee-khat'/ v. breathe
dychtivý /dikh-tyi-vee/ adj. eager, keen
dym /dim/ m. smoke
dyňa /di-nya/ f. water melon
džbán /dzhbán/ m. jug, pitcher
džem /dzhem/ m. jam
džez /dzhez/ m. jazz

E

efekt /e-fekt/ m. effect
ekonómia /e-ko-nó-mi-ya/ f. economy

elegantný /e-le-gan-tnee/ adj. elegant,
  stylish, smart
elektrický /e-lek-trits-kee/ adj. elec-
  tric, electrical
električka /e-lek-trich-ka/ f. tram
elektrina /e-lek-tri-na/ f. electricity
emigrant /e-mi-grant/ m. emigrant, exile
emigrovat' /e-mi-gro-vat'/ v. emigrate
energia /e-ner-gi-ya/ f. energy, power
energický /e-ner-gits-kee/ adj. ener-
  getic, vigorous
éra /é-ra/ f. era
estráda /es-trá-da/ f. variety show
ešte /esh-tye/ adv. still, even, another
etapa /e-ta-pa/ f. stage
Európa /ew-ró-pa/ f. Europe
európsky /ew-róp-ski/ adj. European
exil /e-xil/ m. exile
existencia /e-xis-ten-tsi-ya/ f. exist-
  ence
existovat' /e-xis-to-vat'/ v. exist
exkurzia /ex-kur-zi-ya/ f. excursion
experiment /ex-pe-ri-ment/ m. experiment
explózia /ex-pló-zi-ya/ f. explosion
exponát /ex-po-nát/ m. exhibit
export /ex-port/ m. export
expres /ex-pres/ adj. express

F

fajčenie /fay-che-nye/ n. smoking
fajčiť /fay-chit'/ v. smoke
fajka /fay-ka/ f. pipe
falošný /fa-losh-nee/ adj. false, pre-
  tended, out of tune
falšovať /fal-sho-vat'/ v. forge, falsify
fantázia /fan-tá-zi-ya/ f. fancy, imagi-
  nation
farár /fa-rár/ m. parson, priest
farba /far-ba/ f. color, paint
farbiť /far-bit'/ v. color, paint, dye
farma /far-ma/ f. farm
farmácia /far-má-tsi-ya/ f. pharmacy
farmár /far-már/ m. farmer
fazuľa /fa-zu-lya/ f. bean
február /feb-ru-ár/ m. February
fialka /fi-yal-ka/ f. violet
fialový /fi-ya-lo-vee/ aj. violet, purple
film /film/ m. film, movie
filozofia /fi-lo-zo-fi-ya/ f. philosophy
firma /fir-ma/ f. firm, concern, business
fľaša /flya-sha/ f. bottle, flask
fond /font/ m. fund
forma /for-ma/ f. form, shape
formát /for-mát/ m. size

formulár /for-mu-lár/ m. form
fotoaparát /fo-to-a-pa-rát/ m. camera
fotografia /fo-to-gra-fi-ya/ f. photo-
  graph, snapshot
front /front/ m. front, queue, line
fúkať /foo-kať/ v. blow
funkcia /funk-tsi-ya/ f. function, office
funt /funt/ m. pound
fúzy /foo-zi/ pl. moustache
fyzický /fi-zits-kee/ adj. physical
fyzika /fi-zi-ka/ f. physics

G

galéria /ga-lé-ri-ya/ f. /art/ gallery
garáž /ga-rázh/ f. garage
gaštan /gash-tan/ m. chestnut
gazda /gaz-da/ m. farmer
gazdiná /gaz-dyi-ná/ f. housewife
generácia /ge-ne-rá-tsi-ya/ f. generation
geológia /ge-o-ló-gi-ya/ f. geology
gesto /ges-to/ n. gesture
gitara /gi-ta-ra/ f. guitar
glej /gley/ m. glue
golier /go-lyer/ m. collar
gombík /gom-beek/ m. button, knob
gram /gram/ m. gram/me/

gramofón /gra-mo-fón/ m. record-player
gul'a /gu-lya/ f. ball, sphere
gul'atý /gu-lya-tee/ adj. round
guma /gu-ma/ f. rubber, gum, elastic
gymnázium /gim-ná-zi-yum/ n. high school,
  grammar school

H

had /hat/ m. snake
hádanka /há-dan-ka/ f. puzzle, riddle
hádat' /há-dat'/ v. guess
hádat' sa /há-dat' sa/ v. quarrel, argue
hádka /hát-ka/ f. quarrel, dispute
hádzat' /hád-zat'/ v. throw, toss
hájit' /há-yit'/ v. protect, defend
hák /hák/ m. hook, peg
halier /ha-lyer/ m. heller, cent, penny
hanba /han-ba/ f. shame, disgrace
handra /han-dra/ f. rag
hárok /há-rok/ m. sheet
hasič /ha-sich/ m. fireman
hasit' /ha-sit'/ v. extinguish, quench
herec /he-rets/ m. actor
herečka /he-rech-ka/ f. actress
heslo /hes-lo/ n. slogan, password, entry
historický /his-to-rits-kee/ adj. historic

hlad /hlat/ m. hunger, starvation

hl'adat' /hlya-dat'/ v. look for, seek

hladina /hla-dyi-na/ f. surface, level

hl'adisko /hlya-dyis-ko/ n. auditorium,
  point of view

hladký /hlat-kee/ adj. smooth

hladný /hlad-nee/ adj. hungry, starving

hlas /hlas/ m. voice, vote

hlásit' /hlá-sit'/ v. report, announce

hlasitý /hla-si-tee/ adj. loud

hláskovat' /hlás-ko-vat'/ v. spell

hlasovat' /hla-so-vat'/ v. vote

hlava /hla-va/ f. head

hlavne /hlav-nye/ adv. mainly, chiefly

hlavný /hlav-nee/ adj. main, chief

hĺbka /hl-pka/ f. depth

hlboký /hl-bo-kee/ adj. deep

hlina /hli-na/ f. earth, clay

hluchý /hlu-khee/ adj. deaf

hluk /hluk/ m. noise

hlúpost' /hloo-post'/ f. stupidity, non-
  sense, foolishness

hlúpy /hloo-pi/ adj. stupid, foolish,
  silly

hmla /'mla/ f. fog, mist

hmota /hmo-ta/ f. matter, material, stuff

hmyz /hmis/ m. insect

hned' /hnyet'/ adv. at once, immediately

hnedý /hnye-dee/ adj. brown

hnevat' sa /hnye-vat' sa/ v. be angry, be cross

hniezdo /hnyez-do/ n. nest

hnit' /hnyit'/ v. rot

hnojivo /hno-yi-vo/ n. manure,fertilizer

hnusný /hnus-nee/ adj. disgusting

hoci /ho-tsi/ conj. though, although

hodina /ho-dyi-na/ f. hour, lesson

hodinky /ho-dyin-ki/ pl. watch

hodiny /ho-dyi-ni/ pl. clock

hodit' /ho-dyit'/ v. throw, drop, cast

hodnota /hod-no-ta/ f. value

hodný /hod-nee/ adj. good, worthy

hodváb /hod-váp/ m. silk

hojit' /ho-yit'/ v. cure, heal

holič /ho-lich/ m. barber, hair-dresser

holit' /ho-lit'/ v. shave

holub /ho-lup/ m. pigeon

holubica /ho-lu-bi-tsa/ f. dove

holý /ho-lee/ adj. bare

hon /hon/ m. hunt, chase

hora /ho-ra/ f. mountain

horčica /hor-chi-tsa/ f. mustard

hore /ho-re/ adv. above, up

horiet' /ho-ryet'/ v. burn

horký /hor-kee/ adj. bitter
horný /hor-nee/ adj. upper, top
horší /hor-shee/ adj. worse
horúci /ho-roo-tsi/ adj. hot
horúčka /ho-rooch-ka/ f. fever
hospodárenie /hos-po-dá-re-nye/n. economy
hosť /hosť/ m. guest, visitor
hostinec /hos-tyi-nyets/ m. inn, pub
hostiť /hos-tyiť/ v. entertain
hostiteľ /hos-tyi-tyeľ/ m. host
hostiteľka /hos-tyi-tyeľ-ka/f. hostess
hotel /ho-tyel/ m. hotel
hotový /ho-to-vee/ adj. ready, finished
hovädzí /ho-vaed-zee/ adj. beef
hovoriť /ho-vo-riť/ v. speak, talk
hra /hra/ f. play, game
hráč /hrách/ m. player
hračka /hrach-ka/f. toy
hrad /hrat/ m. castle
hrach /hrakh/ m. peas
hranica /hra-nyi-tsa/ f. frontier, border
hrať /hrať/ v. play, perform
hrdina /hr-dyi-na/ m. hero
hrdlo /hrd-lo/ n. throat
hrdý /hr-dee/ adj. proud
hrdza /hrd-za/ f. rust
hrebeň /hre-ben^y/ m. comb, ridge

hriat'   /hryat'/ v. warm, warm up
hriech   /hryekh/ m. sin
hrmiet' /'rmyet'/ v. thunder
hrniec   /hr-nyets/ m. pot
hrob   /hrop/ m. grave
hrom   /hrom/ m. thunder
hromada /hro-ma-da/ f. heap, pile
hrozit' /hro-zit'/ v. threaten
hrozno   /hroz-no/ n. grape
hrozný   /hroz-nee/ adj. terrible, awful
hrubý   /hru-bee/ adj. coarse, rough, rude
hruď   /hrut^y/ f. chest, breast
hruška   /hrush-ka/ f. pear
huba   /hu-ba/ f. mushroom, mouth
hudba   /hud-ba/ f. music
humor   /hu-mor/ m. humor
hus   /hus/ m. goose
husle   /hus-le/ pl. violin
hustý   /hus-tee/ adj. thick, dense
hviezda /hvye-zda/ f. star
hýbat'   /hee-bat'/ v. move, stir
hydina   /hi-dyi-na/ f. poultry
hygiena /hi-gi-ye-na/ f. hygiene
hymna   /him-na/ f. anthem

CH

chalupa /kha-lu-pa/ f. cottage
chápať /khá-pať/ v. understand
chata /kha-ta/ f. hut, chalet, cabin
chcieť /khtsyeť/ v. want, wish
chémia /khé-mi-ya/ f. chemistry
chladič /khla-dyich/ m. radiator
chladnička /khlad-nyich-ka/ f.refrigera-
  tor, fridge
chladno /khlad-no/ adv. cold
chladný /khlad-nee/ adj. cool, chilly
chlapec /khla-pets/ m. boy
chlieb /khlyep/ m. bread
chlp /khlp/ m. hair
chod /khot/ m. course, run
chodba /khod-ba/ f. corridor, passage
chodec /kho-dyets/m. pedestrian, walker
chodidlo /kho-dyid-lo/ n. sole, foot
chodiť /kho-dyiť/ v. walk, go
chodník /khod-nyeek/ m. pavement, side-
  walk
choroba /kho-ro-ba/ f. illness, sickness
chorý /kho-ree/ adj. ill, sick
chovať /kho-vaď/ v. breed, rear,cherish
chovať sa /kho-vaď sa/ v. behave
chrám /khrám/ m. temple, cathedral

chránit' /khrá-nyit'/ v. protect, defend
chrbát /khr-bát/ m. back, spine
chren /khren/ m. horse-raddish
chrípka /khreep-ka/ f. influenza, flu
chudoba /khu-do-ba/ f. poverty
chudobný /khu-dob-nee/ adj. poor
chudý /khu-dee/ adj. thin, lean
chut' /khut'/ f. taste, flavor, appetite
chválit' /khvá-lit'/ v. praise
chviet' sa /khvyet' sa/ v. tremble,shiver,
  vibrate
chvíl'a /khvee-lya/ f. while, moment
chyba /khi-ba/ f. mistake, fault, error
chýbat' /khee-bat'/ v. be absent, be
  short of, be missing
chystat' /khis-tat'/ v. prepare, make
  ready
chytat' /khi-tat'/ v. catch, seize
chytrý /khit-ree/ adj. quick, fast

I

i /i/ conj. and, also
iba /i-ba/ part. only, just
ignorovat' /i-gno-ro-vat'/ v. ignore
ihla /i-hla/ f. needle
ihned' /i-hnyet'/ adv. at once,immediately
ilegálny /i-le-gál-ni/ adj. illegal

import /im-port/ m. import

inak /i-nak/ adv. otherwise, differently

inde /in-dye/ adv. elsewhere

infekcia /in-fek-tsi-ya/ f. infection

informácia /in-for-má-tsi-ya/ f. information

informovat' /in-for-mo-vat'/ v. inform

injekcia /in-yek-tsi-ya/ f. injection

inokedy /i-no-ke-di/ adv. another time

inšpekcia /in-shpek-tsi-ya/ f. inspection

inštrukcia /in-shtruk-tsi-ya/ f. instruction

inteligentný /in-tye-li-gent-nee/ aj. intelligent, bright

internát /in-tyer-nát/ m. boarding school, boarding-house

invalid /in-va-lid/ m. invalid, disabled

inventúra /in-ven-too-ra/ f. inventory

investovat' /in-ves-to-vat'/ v. invest

iný /i-nee/ adj. other, another, different

inzerát /in-ze-rát/ m. advertisement

iskra /is-kra/ f. spark

íst' /eest'/ v. go, walk

iste /is-tye/ adv. certainly, surely

istý /is-tee/ adj. sure, certain

izba /iz-ba/ f. room

izolovat' /i-zo-lo-vat'/ v. isolate, insulate

J

ja /ya/ pron. I, I myself
jablko /ya-bl-ko/ n. apple
jačmeň /yach-men^y/ m. barley
jadro /yad-ro/ n. kernel, substance
jahoda /ya-ho-da/ f. strawberry
jama /ya-ma/ f. pit
január /ya-nu-ár/ m. January
jar /yar/ f. spring
jarný /yar-nee/ adj. spring
jásat' /yá-sat'/ v. cheer, rejoice
jaskyňa /yas-ki-nya/ f. cave
jasný /yas-nee/ adj. clear, bright, obvious
jastrab /yas-trap/ m. hawk
jaternica /ya-tyer-nyi-tsa/ f. sausage
javisko /ya-vis-ko/ n. stage
javor /ya-vor/ m. maple
jazda /yaz-da/ f. ride, drive
jazdit' /yaz-dyit'/ v. ride, drive, travel
jazero /ya-ze-ro/ n. lake
jazva /yaz-va/ f. scar
jazyk /ya-zik/ m. tongue, language
jed /yet/ m. poison, venom
jedáleň /ye-dá-len^y/ f. dining-room
jeden /ye-dyen/ num. one, some
jedenást' /ye-dye-nást'/ num. eleven

jediný /ye-dyi-nee/ adj. only, sole
jedlo /yed-lo/ n. food, meal
jednat' /yed-nat'/ v. act, deal, negotiate
jednoduchý /yed-no-du-khee/ adj. simple
jednosmerný /yed-no-smer-nee/ adj. one way
jednota /yed-no-ta/ f. unity
jednotlivý /yed-not-li-vee/ adj. single
jednotný /yed-not-nee/ adj. uniform
jedovatý /ye-do-va-tee/ adj. poisonous
jeho /ye-ho/ pron. his
jej /yey/ pron. her, hers
jemný /yem-nee/ adj. fine, gentle, tender
jeseň /ye-sen^y/ f. fall, autumn
jest' /yest'/ v. eat
juh /yukh/ m. south
júl /yool/ m. July
jún /yoon/ m. June
južný /yuzh-nee/ adj. south, southern

K

k, ku /k, ku/ prep. to, towards, for
kabát /ka-bát/ m. coat, jacket
kabelka /ka-bel-ka/ f. handbag
kačica /ka-chi-tsa/ f. duck
kade /ka-de/ adv. which way
kaderník /ka-der-nyeek/ m. hairdresser

kakao /ka-ka-o/ n. cocoa
kalendár /ka-len-dár/ m. calendar, diary
kalória /ka-ló-ri-ya/ f. calorie
kaluž /ka-luzh/ f. puddle
kam /kam/ adv., conj. where /to/
kamarát /ka-ma-rát/ m. friend, mate
kameň /ka-menʸ/ m. stone, rock
kamenný /ka-me-nee/ adj. stone, stony
kamera /ka-me-ra/ f. camera
kamkol'vek /kam-kol'-vek/ adv. anywhere,
   wherever
kanál /ka-nál/ m. sewer, drain, channel
kancelária /kan-tse-lá-ri-ya/ f. office
kanva /kan-va/ f. can, pitcher
kapela /ka-pe-la/ f. band
kapitán /ka-pi-tán/ m. captain
kapitola /ka-pi-to-la/ f. chapter
kapor /ka-por/ m. carp
kapsa /kap-sa/ f. bag, satchel, pocket
kapusta /ka-pus-ta/ f. cabbage
karfiol /kar-fi-yol/ m. cauliflower
kariéra /ka-ri-yé-ra/ f. career
karta /kar-ta/ f. card
kaša /ka-sha/ f. mash, porridge
kašel' /ka-shel'/ m. cough
katastrofa /ka-tas-tro-fa/ f. disaster
katolík /ka-to-leek/ m. Catholic

káva /ká-va/ f. coffee
kaviareň /ka-vya-renʸ/ f. café
kázat' /ká-zat'/ v. order, preach
kázeň /ká-zenʸ/ f. sermon, discipline
kazit' /ka-zit'/ v. spoil, decay
každý /kazh-dee/ adj., pron. every, each,
  everybody, anyone
kde /gdye/ adv. where
keby /ke-bi/ conj. if
keď /ketʸ/ conj. when, as, if
kedy /ke-di/ adv. when, what time
kefa /ke-fa/ f. brush
kefka /kef-ka/ f. tooth-brush
ker /ker/ m. shrub, bush
kilogram /ki-lo-gram/ m. kilogram
kilometer /ki-lo-me-tyer/ m. kilometer
kino /ki-no/ n. cinema, movies
kl'ačat' /klya-chat'/ v. kneel
klada /kla-da/ f. log, beam
kladivo /kla-dyi-vo/ n. hammer
kladný /klad-nee/ adj. positive
klamat' /kla-mat'/ v. deceive
klaňat' sa /kla-nyat'sa/ v. bow
klást' /klást'/ v. lay, put
kláštor /klásh-tor/ m. convent,monastery
klavír /kla-veer/ m. piano
klb /klp/ m. joint, knuckle

klenot /kle-not/ m. gem, jewel
klepat' /kle-pat'/ v. knock, tap
klesat' /kle-sat'/ v. fall, sink, drop,
  go down, decline
kliat' /klyat'/ v. curse, swear
kliešte /klyesh-tye/ pl. pliers, tongs
klietka /klyet-ka/ f. cage
klinec /kli-nyets/ m. nail
klobása /klo-bá-sa/ f. sausage
klobúk /klo-book/ m. hat
kloktadlo /klok-tad-lo/ n. gargle
klopat' /klo-pat'/ v. knock, beat, tap
klub /klup/ m. club
kl'úč /klyooch/ m. key
kl'uka /klyu-ka/ f. door handle, knob,
  crank
kĺzat' /kl-zat'/ v. slide, glide, skid
kmeň /kmen^y/ m. trunk, tribe
kmín /kmeen/ m. caraway-seeds, thief
kmotor /kmo-tor/ m. godfather
kmotra /kmot-ra/ f. godmother
kňaz /knyas/ m. priest
knedl'a /knyed-la/ f. dumpling
kniha /knyi-ha/ f. book
kníhkupectvo /knyeehk-ku-pets-tvo/ n.
  bookshop, book-store

knižnica /knyizh-nyi-tsa/ f. library

koberec /ko-be-rets/ m. carpet
kocka /kots-ka/ f. cube, dice /pl./
kočiar /ko-chyar/ m. carriage, coach
kohút /ko-hoot/ m. cock, rooster, tap,
  faucet
kokos /ko-kos/ m. coconut
koláč /ko-lách/ m. cake, pie
kol'aj /ko-lyay/ f. rail, line, track
koleno /ko-le-no/ n. knee
komár /ko-már/ m. mosquito, gnat
kombiné /kom-bi-né/ n. slip
komín /ko-meen/ m. chimney
komora /ko-mo-ra/ f. chamber, closet
kompót /kom-pót/ m. stewed fruit
komunista /ko-mu-nyis-ta/ m. communist
koňak /ko-nyak/ m. brandy, cognac
konat' /ko-nat'/ v. do, perform
koncert /kon-tsert/ m. concert, recital
končit' /kon-chit'/ v. end, finish, close
konečný /ko-nyech-nee/ adj. final, defi-
  nitive, terminal
konferencia /kon-fe-ren-tsi-ya/ f.
  conference, convention, meeting
koniec /ko-nyets/ m. end, conclusion
konkurencia /kon-ku-ren-tsi-ya/ f. com-
  petition
kontrola /kon-tro-la/ f. control, check,
  inspection

konzerva /kon-zer-va/ f. can, tin
konzulát /kon-zu-lát/ m. consulate
kopať /ko-pať/ v. dig, kick
kopec /ko-pets/ m. hill
kópia /kó-pi-ya/ f. copy, print
kopyto /ko-pi-to/ n. hoof, last
korále /ko-rá-le/ pl. bead necklace
korčuľovať /kor-chu-lyo-vať/ v. skate
koreň /ko-ren^y/ m. root
korenie /ko-re-nye/ n. spice/s/,seasoning
koruna /ko-ru-na/ f. crown
kosa /ko-sa/ f. scythe
kosť /kosť/ f. bone
kostol /kos-tol/ m. church
kostra /kos-tra/ f. skeleton, frame
kostým /kos-teem/ m. costume, suit
košeľa /ko-she-lya/ f. shirt
kotleta /kot-le-ta/ f. chop, cutlet
kotol /ko-tol/ m. boiler, kettle
kotva /kot-va/ f. anchor
kov /kof/ m. metal
koza /ko-za/ f. goat
kozub /ko-zup/ m. fireplace, hearth
koža /ko-zha/ f. skin, hide, leather
kožuch /ko-zhukh/ m. fur coat
kožušina /ko-zhu-shi-na/ f. fur
kôl /kól/ m. post, stake, pole
kôň /kón^y/ m. horse

kôpor /kó-por/ m. dill
kôra /kó-ra/ f. bark, crust, peel
kôš /kósh/ m. basket
krab /krap/ m. crab
krádež /krá-dyesh/ f. theft
kradnút' /krad-noot'/ v. steal, pilfer
kraj /kray/ m. country, region, edge,brim
krájat' /krá-yat'/ v. cut, carve, slice
krajčír /kray-cheer/ m. tailor
krajina /kra-yi-na/ f.landscape, scenery
král' /král'/ m. king
králik /krá-lik/ m. rabbit
král'ovná /krá-lyov-ná/ f. queen
krám /krám/ m. shop, store
krása /krá-sa/ f. beauty
krásny /krás-ni/ adj. beautiful, lovely
krátky /krát-ki/ adj. short, brief
krava /kra-va/ f. cow
kravata /kra-va-ta/ f. /neck/tie
kŕč /krch/ m. spasm, cramp
krčah /kr-chakh/ m. jug
krehký /krekh-kee/ adj. fragile,brittle,
  crisp, delicate
krém /krém/ m. cream, polish
kresba /kres-ba/ f. drawing, design
kreslit' /kres-lit'/ v. draw, sketch
kreslo /kres-lo/ n. /arm/chair

krest'an /kres-tyan/ m. Christian
kričat' /kri-chat'/ v. shout, scream, yell
krídlo /kreed-lo/ n. wing
krieda /krye-da/ f. chalk
kriesit' /krye-sit'/ v. revive
krišt'ál' /krish-tyál'/ m. crystal
krivda /kriv-da/ f. wrong /doing/, harm
krivý /kri-vee/ adj. crooked, curved
kríž /kreezh/ m. cross
križovatka /kri-zho-vat-ka/ f. junction,
   crossing
krk /krk/ m. neck
kŕmit' /kr-mit'/ v. feed, nourish
krok /krok/ m. /foot/ step
krst /krst/ m. baptism, christening
kruh /krukh/ m. circle, ring
krúpy /kroo-pi/ pl. barley, hail
krútit' /kroo-tyit'/ v. turn, twist
krutý /kru-tee/ adj. cruel, severe
krv /krf/ f. blood
krysa /kri-sa/ f. rat
kryt /krit/ m. shelter, cover
kryt' /krit'/ v. cover, shield
kto /kto/ pron. who, which
ktorý /kto-ree/ pron. which, what, who
ktosi /kto-si/ pron. somebody, someone
kufor /ku-for/ m. suit-case, trunk

kuchár /ku-khár/ m. cook

kuchyňa /ku-khi-nya/ f. kitchen, cooking

kukurica /ku-ku-ri-tsa/ f. corn, maize

kultúra /kul-too-ra/ f. culture

kúpat'/sa/ /koo-pat'sa/ v. bath, bathe

kupec /ku-pets/ m. buyer, storekeeper

kúpel'ňa /koo-pel-nya/ f. bathroom

kúpit' /koo-pit'/ v. buy, purchase

kura /ku-ra/ f. hen, chicken

kúrenie /koo-re-nye/ n. heating

kúrit' /koo-rit'/ v. heat, make fire

kurz /kurs/ m. course, rate

kus /kus/ m. piece, bit, chunk, lump

kút /koot/ m. corner

kúzlo /kooz-lo/ n. spell, magic

kužel' /ku-zhel'/ m. cone

kvalita /kva-lita/ f. quality

kvapalina /kva-pa-li-na/ f. liquid

kvapka /kvap-ka/ f. drop

kvapkat' /kvap-kat'/ v. drip, trickle

kvasnice /kvas-nyi-tse/ pl. yeast

kvet /kvet/ m. flower, blossom

kvetina /kve-tyi-na/ f. flower

kvitnút' /kvit-noot'/ v. bloom, blossom,
  flourish

kvôli /kvô-li/ prep. because of, for the
  sake of

kýchat' /kee-khat'/ v. sneeze
kým /keem/ conj. while, till
kyslý /kis-lee/ adj. sour, acid
kývat' /kee-vat'/ v. beckon, nod

L

labut' /la-but'/ f. swan
lacný /lats-nee/ adj. cheap
l'ad /lyat/ m. ice
ladit' /la-dyit'/ v. tune
l'advina /lyad-vi-na/ f. kidney
l'ahký /lyakh-kee/ adj. light, easy
l'ahnút' si /lyah-noot'si/ v. lie down
lak /lak/ m. varnish, paint
l'akat' sa /lya-kat'sa/ v. scare, frighten
laket' /la-ket'/ m. elbow
lakomý /la-ko-mee/ adj. stingy
lakovat' /la-ko-vat'/ v. varnish, paint
lámat' /lá-mat'/ v. break
lampa /lam-pa/ f. lamp
lano /la-no/ n. rope, cable
láska /lás-ka/ f. love
láskavý /lás-ka-vee/ adj. kind, good
látka /lát-ka/ f. material, cloth, matter
lavica /la-vi-tsa/ f. bench
l'avý /lya-vee/ adj. left

lebo /le-bo/ conj. otherwise, because

legitimácia /le-gi-tyi-má-tsi-ya/ f.
  /identity/ card

lekár /le-kár/ m. physician, doctor

lekáreň /le-ká-ren^y/ f. pharmacy, drug-
  store, chemist´s

lekvár /lek-vár/ m. jam, marmelade

len /len/ adv. only, merely

lenivý /le-nyi-vee/ adj. lazy

lenže /len-zhe/ conj. but, only

lepidlo /le-pid-lo/ n. glue, adhesive

lepiť /le-piť/ v. paste, glue, stick

lepší /lep-shee/ adj. better

les /les/ m. wood, forest

lesklý /lesk-lee/ adj. shiny, glossy

lesknúť sa /lesk-nooť sa/ v. shine,
  glitter, glisten

let /let/ m. flight

letisko /le-tyis-ko/ n. airport

leto /le-to/ n. summer

lev /lef/ m. lion

ležať /le-zhať/ v. lie

liať /lyať/ v. pour

libra /lib-ra/ f. pound

líce /lee-tse/ pl. cheek , face, front

líčiť /lee-chiť/ v. describe, depict,
  paint, make up

liečba   /lyech-ba/ f. treatment, cure
liečit'   /lye-chit'/ v. cure, treat, heal
lieh   /lyekh/ m. spirit
liehovina /lye-ho-vi-na/ f. spirit, liquor
liek   /lyek/ m. medicine, drug
lietadlo /lye-tad-lo/ n. airplane, air-
   craft
lietat'   /lye-tat'/ v. fly
liezt'   /lyest'/ v. creep, crawl, climb
lichotit' /li-kho-tyit'/ v. flatter
limonáda /li-mo-ná-da/ f. lemonade
linka   /lin-ka/ f. line
lipa   /li-pa/ f. limetree
list   /list/ m. leaf, sheet
listár   /lis-tár/ m. postman, mailman
listina   /lis-tyi-na/ f. document
lístok   /lees-tok/ m. ticket, slip
líška   /lish-ka/ f. fox
liter   /li-tyer/ m. liter
literatúra /li-tye-ra-too-ra/ f. litera-
   ture
lízat'   /lee-zat'/ v. lick
lod'   /lot'/ f. ship, boat
lopata   /lo-pa-ta/ f. shovel
lopatka   /lo-pat-ka/ f. blade, dustpan
lopta   /lop-ta/ f. ball
losos   /lo-sos/ m. salmon

lovit' /lo-vit'/ v. hunt, chase
lož /lozh/ f. lie
lôžko /lôzh-ko/ n. bed
ľúbiť' /lyoo-bit'/ v. love, like
ľúbosť' /lyoo-bost'/ f. love
lúč /looch/ m. beam, ray
lúčiť' sa /loo-chit'sa/ v. part /with/,
  say good-bye
ľudia /lyu-dya/ pl. people
ľudový /lyu-do-vee/ adj. folk, people's
ľudský /lyud-skee/ adj. human
luhár /lu-hár/ m. liar
luhať' /lu-hat'/ v. tell lies, lie
luk /luk/ m. bow
lúka /loo-ka/ f. meadow
lúpať' /loo-pat'/ v. peel, pare, strip
lúpež /loo-pezh/ f. robbery
lupič /lu-pich/ m. burglar, robber
ľútosť' /lyoo-tost'/ f. regret, pity
ľutovať' /lyu-to-vat'/ v. be sorry, pity,
  regret
lysý /li-see/ adj. bald
lýtko /leet-ko/ n. calf
lyže /li-zhe/ f. ski
lyžica /li-zhi-tsa/ f. spoon
lyžička /li-zhich-ka/ f. teaspoon
lyžovať' /sa/ /li-zho-vat'sa/ v. ski

M

mačka /mach-ka/ f. cat

magnetofón /ma-gne-to-fón/ m. tape-recorder

máj /máy/ m. May

majetok /ma-ye-tok/ m. property,fortune, possesion, belongings

majonéza /ma-yo-né-za/ f. mayonnaise

mak /mak/ m. poppy, poppy-seed

maliar /ma-lyar/ m. painter

maličkosť /ma-lich-kosť/ f. trifle

malina /ma-li-na/ f. raspberry

málo /má-lo/ adv. little, few

maľovať /ma-lyo-vať/ v. paint, color

malý /ma-lee/ adj. small, little, short

mama /ma-ma/ f. mum, mummy

mandarinka /man-da-rin-ka/ f. tangerine

mandľa /man-dlya/ f. almond, pl.tonsils

manžel /man-zhel/ m. husband

manželia /man-zhe-lya/ pl. husband and wife, a married couple

manželka /man-zhel-ka/ f. wife

manželstvo /man-zhel-stvo/ n. marriage

manžeta /man-zhe-ta/ f. cuff

mapa /ma-pa/ f. map

marec /ma-rets/ m. March

margarín /mar-ga-reen/ m. margarine
marhuľa /mar-hu-lya/ f. apricot
marmeláda /mar-me-lá-da/ f. jam, marma-
  lade
márny /már-ni/ adj. vain, useless
maska /mas-ka/ f. mask
maslo /mas-lo/ n. butter
masť /mast'/ f. fat, lard, grease,
  ointment
mastný /mast-nee/ adj. greasy
mať /mat'/ v. have, possess
materiál /ma-tye-ri-yál/ m. material,
  stuff
matka /mat-ka/ f. mother
mávať /má-vat'/ v. wave, swing
mazať /ma-zat'/ v. spread, oil, grease
mäkký /mae-kee/ adj. soft, tender
mäsiar /mae-syar/ m. butcher
mäso /mae-so/ n. meat
meč /mech/ m. sword
med /met/ m. honey
meď /met'/ f. copper
medveď /med-vet'/ m. bear
medza /med-za/ f. boundary, limit
medzera /med-ze-ra/ f. gap, space, blank,
  interval
medzi /med-zi/ prep. between, among

medzinárodný /med-zi-ná-rod-nee/ adj.
  international
melón /me-lón/ m. water melon
mena /me-na/ f. currency
menej /me-nyey/ adv. less
meniť /me-nyiť/ v. change, alter, turn
meno /me-no/ n. name
menovať /me-no-vať/ v. name, appoint
menší /men-shee/ adj. smaller
merať /me-rať/ v. measure
mesiac /me-syats/ m. moon, month
mesto /mes-to/ n. town, city
meter /me-tyer/ m. meter
mieniť /mye-nyiť/ v. mean, think
mienka /myen-ka/ f. opinion
mier /myer/ m. peace
miera /mye-ra/ f. measure, measurement,
  size
mieriť /mye-riť/ v. aim, hint
mierny /myer-ni/ adj. gentle, mild
miestnosť /myest-nosť/ f. room
miestny /myest-ni/ adj. local
miesto /myes-to/ n. place, room, site,
  spot, post, position, prep. instead of
miešať /mye-shať/ v. stir, mix, shuffle
mihalnica /mi-hal-nyi-tsa/ f. eyelash
míľa /mee-lya/ f. mile

miláčik /mi-lá-chik/ m. darling, love
milenec /mi-le-nyets/m. lover
milenka /mi-len-ka/ f.lover, sweetheart
milimeter /mi-li-me-tyer/ m. milimeter
milión /mi-li-yón/ m. million
milovat' /mi-lo-vat'/ v. love
milý /mi-lee/ adj. dear, nice
mimo /mi-mo/ prep.,adv. besides, apart,
  except, past, outside
míňat' /mee-nyat'/ v. spend, pass by
minca /min-tsa/ f. coin
minister /mi-nyis-tyer/ m. minister
minulost' /mi-nu-lost'/ f. the past
minulý /mi-nu-lee/ adj. last, previous
minút' /mi-noot'/ v. pass, miss
minúta /mi-noo-ta/ f. minute
misa /mi-sa/ f. dish, bowl
mládenec /mlá-dye-nyets/ m. lad, youth
mládež /mlá-dyezh/ f. youth, young people
mladý /mla-dee/ adj. young
mlátit' /mlá-tyit'/ v. beat, thresh
mlčat' /ml-chat'/ v. be silent
mliekáreň /mlye-ká-ren^y/ f. dairy
mlieko /mlye-ko/ n. milk
mliet' /mlyet'/ v. grind, mill
mlyn /mlin/ m. mill
mnoho /mno-ho/ adv. much, many, a lot of,
  plenty

množstvo /mnozh-stvo/ n. quantity, amount
moc /mots/ f. power, authority, force,
  adv. much, very
mocný /mots-nee/ adj. powerful, mighty
moč /moch/ f. urine
močarina /mo-cha-ri-na/ f. marsh, swamp
móda /mó-da/ f. fashion, style
modlit' sa /mod-lit'sa/ v. pray
módny /mód-ni/ adj. fashionable
modrý /mod-ree/ adj. blue
mokrý /mok-ree/ adj. wet
moment /mo-ment/ m. moment, instant
more /mo-re/ n. sea
moriak /mo-ryak/ m. turkey
mosadz /mo-sadz/ f. brass
motat' /mo-tat'/ v. wind up, reel
motocykel /mo-to-tsi-kel/ m. motorcycle
motor /mo-tor/ m. motor, engine
motúz /mo-toos/ m. string
motýl' /mo-teel'/ m. butterfly
mozog /mo-zok/ m. brain
možno /mozh-no/ adv. perhaps, maybe
možnost' /mozh-nost'/ f. possibility,
  chance
možný /mozh-nee/ adj. possible
môct' /môtst'/ v. be able to, can, may
môj /móy/ pron. my, mine

mrak /mrak/ m. cloud
mramor /mra-mor/ m. marble
mravec /mra-vets/ m. ant
mravnost' /mrav-nost'/ f. morals
mráz /mrás/ m. frost
mrazený /mra-ze-nee/ adj. frozen
mrazit' /mra-zit'/ v. freeze
mrkva /mrk-va/ f. carrot
mŕtvy /mrt-vi/ adj. dead
mrziet' /mr-zyet'/ v. to be sorry
mstit' sa /mstyit'sa/ v. revenge
mučit' /mu-chit'/ v. torture, torment
múčnik /mooch-nyik/ m. sweets, dessert
múdry /mood-ri/ adj. wise
mucha /mu-kha/ f. fly
múka /moo-ka/ f. flour
múr /moor/ m. wall
musiet' /mu-syet'/ v. have to, be obliged
  to, must
mušt /musht/ m. cider
múzeum /moo-ze-um/ m. museum
muž /muzh/ m. man, male
mužský /muzh-skee/ adj. male, masculine
my /mi/ pron. we, us
mýdlo /meed-lo/ n. soap
mýlit' sa /mee-lit'sa/ v. be mistaken,
  be wrong

mysel' /mi-sel'/ f. mind, spirit
mysliet' /mis-lyet'/ v. think, suppose,
  guess
myš /mish/ f. mouse
myšlienka /mish-lyen-ka/ f. thought,idea
mzda /mzda/ f. wage, pay

                    N

na /na/ prep. on, upon, at, for
náboženský /ná-bo-zhen-skee/ adj. reli-
  gious
náboženstvo /ná-bo-zhen-stvo/ n. religion
nabrúsit' /na-broo-sit'/ v. sharpen
nábytok /ná-bi-tok/ m. furniture
nad /nat/ prep. above, over, beyond
nadaný /na-da-nee/ adj. gifted, talented
nadarmo /na-dar-mo/ adv. in vain
nadávat' /na-dá-vat'/ v. insult, swear
nadbytok /nad-bi-tok/ m. abundance,
  surplus
nádej /ná-dyey/ f. hope
nádherný /nád-her-nee/ adj. wonderful,
  splendid, magnificent
nádoba /ná-do-ba/ f. container, vessel
nadol /na-dol/ adv. down
nádor /ná-dor/ m. tumor

ňadrá /nyad-rá/ pl. breast, bosom
nádrž /ná-drzh/ f. basin, tank
nadšený /nad-she-nee/ adj.enthusiastic
nádvorie /nád-vo-rye/ n. court/yard/
nafta /naf-ta/ f. oil
naháňat' /na-há-nyat'/ v. chase, hunt
nahlas /na-hlas/ adv. loud, loudly
náhle /ná-hle/ adv. suddenly
náhly /ná-hli/ adj. abrupt, sudden
náhoda /ná-ho-da/ f. chance, accident,
   coincidence
nahor /na-hor/ adv. up, upwards, up-
   stairs
nahradit' /na-hra-dyit'/ v. compensate,
   make up, replace
náhradný /ná-hrad-nee/ adj. spare,reserve
náhrdelník /ná-hr-dyel-nyeek/ m. necklace
nahý /na-hee/ adj. naked, nude
najat' /na-yat'/ v. hire, lease
najhorší /nay-hor-shee/ adj. worst
najlepší /nay-lep-shee/ adj. best
nájomné /ná-yom-né/ n. rent, lease
nájomník /ná-yom-nyeek/ m. tenant
najprv /nay-prf/ ad. first of all, in the
   first place
nájst' /náyst'/ v. find
náklad /ná-klat/ m. load, cargo, freight,
   cost, expense

nakladat' /na-kla-dat'/ v. load, freight, publish

nákladný /ná-klad-nee/ adj. freight, expensive

naklonit'/sa/ /na-klo-nyit'sa/ v. lean, tilt, incline

náklonnost' /ná-klo-nost'/ f. affection, inclination

nakoniec /na-ko-nyets/ adv. in the end, finally

nakupovat' /na-ku-po-vat'/ v. purchase, buy, go shopping

nálada /ná-la-da/ f. mood, temper

nal'avo /na-lya-vo/ adv. left, on the left

nálepka /ná-lep-ka/ f. label

nález /ná-les/ m. find, discovery

naliat' /na-lyat'/ v. pour, fill

námaha /ná-ma-ha/ f. effort, trouble

námestie /ná-mes-tye/ n. square, place

námietka /ná-myet-ka/ f. objection

námorník /ná-mor-nyeek/ m. sailor

naopak /na-o-pak/ adv. on the contrary

naozaj /na-o-zay/ adv. really, indeed

nápad /ná-pat/ m. idea

napadnút' /na-pad-noot'/ v. attack, occur

napätie /na-pae-tye/ n. tension, strain

nápis /ná-pis/ m. inscription, sign

napísať /na-pee-sat'/ v. write /down/

napiť sa /na-pit'/sa/ v. have a drink

náplasť /ná-plast'/ f. plaster

napnúť /nap-noot'/ v. stretch, strain,
  thrill

napodobniť /na-po-dob-nyit'/ v. copy,
  imitate

nápoj /ná-poy/ m. drink, beverage

napokon /na-po-kon/ adv. in the end,
  finally, at last

napolo /na-po-lo/ adv. half, half-way

napomenúť /na-po-me-noot'/ v. warn

napraviť /na-pra-vit'/ v. put right,
  correct, do justice, repair

napravo /na-pra-vo/ adv. /to the/right

napred /na-pret/ adv. in front, forward,
  ahead

napríklad /na-pree-klat/ adv. for in-
  stance, for example

naproti /na-pro-tyi/ prep. opposite

náradie /ná-ra-dye/ n. tools, kit

náramok /ná-ra-mok/ m. bracelet

naraziť /na-ra-zit'/ v. hit, bump, strike

nárečie /ná-re-chye/ n. dialect

nariadenie /na-rya-dye-nye/ n. order,
  regulation

nariadit' /na-rya-dyit'/ v. order, put,
  set
nariekat' /na-rye-kat'/ v. complain, cry
národ /ná-rot/ m. nation, people
narodenie /na-ro-dye-nye/ n. birth
narodeniny /na-ro-dye-nyi-ni/ pl.birthday
narodit' sa /na-ro-dyit' sa/ v. be born
národnosť /ná-rod-nost'/ f. nationality
národný /ná-rod-nee/ adj. national, folk
nárok /ná-rok/ m. claim, right
naruby /na-ru-bi/ adv. wrong side out,
  inside out
náruč /ná-ruch/ f. arms
nasadiť /na-sa-dyit'/ v. set, put, plant
naschvál /na-skhvál/ ad. on purpose, de-
  liberately
násilie /ná-si-lye/ n. violence, force
následok /ná-sle-dok/ m. consequence,
  result, effect
následovať /ná-sle-do-vat'/ v. follow,
  succeed
násobiť /ná-so-bit'/ v. multiply
naspamäť /na-spa-maet'/ adv. by heart
nástroj /ná-stroy/ m. implement, tool,
  instrument
nástupište /ná-stu-pish-tye/ n. platform
nastúpiť /na-stoo-pit'/ v. line up,
  succeed, get into

náš /násh/ pron. our, ours

našt'astie /na-shtyas-tye/ adv. fortunately, luckily

náušnica /ná-ush-nyi-tsa/ f. earring

nával /ná-val/ m. rush

návod /ná-vot/ m. instruction

návrat /ná-vrat/ m. return

návrh /ná-vrkh/ m. proposal, suggestion

navrhnút' /na-vrh-noot'/ v. propose, suggest, design

návšteva /náv-shtye-va/ f. visit, call, attendance

navštívit' /nav-shtyee-vit'/ v. call, visit

navzájom /na-vzá-yom/ adv. each other

nazdar /na-zdar/ int. hello, hullo

naznačit' /na-zna-chit'/ v. indicate, imply, hint, mark, trace

názor /ná-zor/ m. opinion, view

názov /ná-zof/ m. name, title

nazývat' /na-zee-vat'/ v. name, call

nebezpečie /nye-bes-pe-chye/ n. danger

nebezpečný /nye-bes-pech-nee/ adj. dangerous

nebo /nye-bo/ n. heaven

nečistota /nye-chis-to-ta/ f. impurity, dirt, filth

ned'aleko /nye-dya-le-ko/ adv. not far

nedávno /nye-dáv-no/ adv. not long ago,
  recently
nedbalý /nye-dba-lee/ adj. careless,
  negligent
nedbat' /nye-dbat'/ v. neglect,disregard
nedel'a /nye-dye-lya/ f. Sunday
nedočkavý /nye-doch-ka-vee/ adj.impatient
nedokonalý /nye-do-ko-na-lee/ adj. im-
  perfect
nedorozumenie /nye-do-ro-zu-me-nye/ n.
  misunderstanding
nedostatok /nye-dos-ta-tok/ m. shortage,
  lack, defect
nedôvera /nye-dô-ve-ra/ f. mistrust
nefajčiar /nye-fay-chyar/ m. non-smoker
nehoda /nye-ho-da/ f. accident
nehybný /nye-hib-nee/ adj. motionless,
  immobile
nech /nyekh/ part. let, be it
nechápat' /nye-khá-pat'/ v. misunderstand
nechat' /nye-khat'/ v. let, leave,give up
necht /nyekht/ m. nail
nechutný /nye-khut-nee/ adj. tasteless,
  disgusting, insipid
neistý /nye-is-tee/ adj. uncertain, un-
  sure, insecure
nejako /nye-ya-ko/ adv. somehow, one way
  or another

nejaký /nye-ya-kee/ pron. some, any

nekonečný /nye-ko-nyech-nee/ adj. endless, infinite

nelegálny /nye-le-gál-ni/ adj. illegal

nemilý /nye-mi-lee/ adj. unpleasant

nemoc /nye-mots/ f. illness, sickness

nemocnica /nye-mots-nyi-tsa/ f. hospital

nemocný /nye-mots-nee/ adj. sick, ill

nemožný /nye-mozh-nee/ adj. impossible

nemravný /nye-mrav-nee/ adj. immoral, indecent

nemý /nye-mee/ adj. dumb, mute

nenávidieť' /nye-ná-vi-dyeť'/ v. hate

nenávist' /nye-ná-vist'/ f. hate, hatred

neobyčajný /ne-o-bi-chay-nee/ adj. unusual, extraordinary

neochotný /nye-o-khot-nee/ adj. unwilling, reluctant

neopatrný /nye-o-pa-tr-nee/ adj. careless

neosobný /nye-o-sob-nee/ adj. impersonal

nepárny /nye-pár-ni/ adj. odd

neplatný /nye-plat-nee/ adj. invalid

neplodný /nye-plod-nee/ adj. sterile, barren, fruitless

nepoctivý /nye-pots-tyi-vee/ adj. dishonest, unfair

nepohodlný /nye-po-ho-dl-nee/ adj. uncomfortable

nepokoj /nye-po-koy/ m. disturbance

neporiadny /nye-po-ryad-ni/ adj. untidy

neporiadok /nye-po-rya-dok/ m. disorder, mess

neposlúchat' /nye-po-sloo-khat'/ v. disobey

nepravidelný /nye-pra-vi-dyel-nee/ adj. irregular

neprávom /nye-prá-vom/ adv. unjustly, wrongfully

nepremokavý /nye-pre-mo-ka-vee/ adj. waterproof

nepresný /nye-pres-nee/ adj. inaccurate, inexact

nepretržitý /nye-pre-tr-zhi-tee/ adj. continuous

nepriamy /nye-prya-mi/ adj. indirect

nepriatel' /nye-prya-tyel'/ m. enemy

nepriatel'ský /nye-prya-tyel'-skee/ adj. hostile, unfriendly

nepriehl'adný /nye-prye-hlyad-nee/ adj. opaque

nepríjemnost' /nye-pree-yem-nost'/ f. inconvenience, nuisance, trouble

nepríjemný /nye-pree-yem-nee/ adj. unpleasant, disagreeable

neprítomný /nye-pree-tom-nee/ adj. absent

nerozhodný /nye-roz-hod-nee/ adj. indecisive, irresolute, draw

nerozumiet' /nye-ro-zu-myet'/ v. misunderstand

nerozumný /nye-ro-zum-nee/ adj. unreasonable, unwise, foolish

nerv /nyerf/ m. nerve

nervózny /nyer-vóz-ni/ adj. nervous, restless

neschopný /nye-skhop-nee/ adj. unable, incapable, disabled

neskoro /nye-sko-ro/ adv. late

neslaný /nye-sla-nee/ adj. unsalted

neslušný /nye-slush-nee/ adj. indecent

nesmelý /nye-sme-lee/ adj. shy, timid

nesmrteľný /nye-smr-tyel'-nee/ adj. immortal

nespokojný /nye-spo-koy-nee/ adj. dissatisfied, discontented

nesprávny /nye-správ-ni/ adj. wrong

nespravodlivosť /nye-spra-vod-li-vost'/ f. injustice

nespravodlivý /nye-spra-vod-li-vee/ adj. unjust, unfair

nestály /nye-stá-li/ adj. unstable

nesúhlas /nye-soo-hlas/ m. disagreement, disapproval

nesúhlasiť /nye-soo-hla-siť/ v. object,
  disagree
neškodný /nye-shkod-nee/ adj. harmless
nešťastie /nye-shtyas-tye/ n. misfortune,
  unhappines, accident
nešťastný /nye-shtyast-nee/ adj. un-
  happy, unlucky, unfortunate
neter /nye-tyer/ f. niece
netrpezlivý /nye-tr-pez-li-vee/ adj. im-
  patient
neúspech /nye-oos-pekh/ m. failure
neúspešný /nye-oos-pesh-nee/ adj. unsuc-
  cessful, fruitless
nevera /nye-ve-ra/ f. infidelity
neverný /nye-ver-nee/ adj. unfaithful
nevesta /nye-ves-ta/ f. bride
nevinný /nye-vi-nee/ adj. innocent
nevkusný /nye-fkus-nee/ adj. tasteless
nevlastný /nye-vlast-nee/ adj. step-
  /stepfather, stepmother, .../
nevoľnosť /nye-voľ-nosť/ f. dis-
  comfort, sickness
nevýhoda /nye-vee-ho-da/ f. disadvantage
nezákonný /nye-zá-ko-nee/ adj. illegal
nezamestnanosť /nye-za-mest-na-nosť/ f.
  unemployment
nezávislý /nye-zá-vis-lee/ ad. in-
  dependent

nezdravý /nye-zdra-vee/ adj. unhealthy

nezmysel /nye-zmi-sel/ m. nonsense

nezmyselný /nye-zmi-sel-nee/ adj. absurd,
  meaningless

neznámy /nye-zná-mi/ adj. unknown, strange

nezodpovedný /nye-zod-po-ved-nee/ adj.
  irresponsible

nezvestný /nye-zvest-nee/ adj. missing

než /nyesh/ conj. than, before

nič /nyich/ pron. nothing

ničit' /nyi-chit'/ v. destroy, ruin

nie /nye/ adv. no, not

niečo /nye-cho/ pron. something, any-
  thing, some

niekam /nye-kam/ adv. somewhere, any-
  where

niekde /nye-gdye/adv. somewhere, any-
  where

niekedy /nye-ke-di/ adv. sometimes

niekol'ko /nye-kol'-ko/ adv. a few, some,
  several

niekto /nye-kto/ pron. somebody, someone,
  anybody, anyone

niektorý /nye-kto-ree/ pron. some, any

niest' /nyest'/ v. carry, bear, bring

nikam /nyi-kam/ adv. nowhere

nikde /nyi-gdye/adv. nowhere

nikdy /nyi-gdi/ adv. never
nikto /nyi-kto/ pron. nobody, no one
nit' /nyit'/ f. thread
nízko /nyees-ko/ adv. low
nízky /nyees-ki/ adj. low
noc /nots/ f. night
nocl'ah /nots-lyakh/ m. room overnight
noha /no-ha/ f. leg, foot
nohavice /no-ha-vi-tse/ pl. trousers,
  pants, slacks
nohavičky /no-ha-vich-ki/ pl. panties,
  knickers
nos /nos/ m. nose
nosič /no-sich/ m. porter, carrier
nosit' /no-sit'/ v. wear, carry
nota /no-ta/ f. note
november /no-vem-ber/ m. November
novina /no-vi-na/ f. news
novinár /no-vi-nár/ m. journalist
noviny /no-vi-ni/ pl. newspaper
nový /no-vee/ adj. new, fresh
nožnice /nozh-nyi-tse/ pl. scissors
nôž /nôzh/ m. knife
nuda /nu-da/ f. boredom
nudit' sa /nu-dyit'sa/ v. be bored
núdza /noo-dza/ f. poverty, need
núdzový /noo-dzo-vee/ adj. emergency
  /exit/

nula   /nu-la/ f. zero, nil, nought
nútit'   /noo-tyit'/ v. force, urge
nutný   /nut-nee/ adj. necessary, urgent

O

o   /o/ prep. about, at, on
oba   /o-ba/ num. both
obal   /o-bal/ m. cover, packing
obálka   /o-bál-ka/ f. envelope
obávat' sa   /o-bá-vat'sa/ v. fear, be
  afraid
občan   /ob-chan/ m. citizen
občerstvenie   /ob-cher-stve-nye/ n.
  refreshment
občianstvo   /ob-chyan-stvo/ n. citizen-
  ship, citizens
obdiv   /ob-dyif/ m. admiration
obdĺžnik   /ob-dlzh-nyik/ m. rectangle
obdobie   /ob-do-bye/ n. period, season,
  term
obec   /o-bets/ f. community
obecenstvo   /o-be-tsen-stvo/ n. audience,
  the public
obecný   /o-bets-nee/ adj. common
obed   /o-bet/ m. lunch/eon/, dinner
obedovat'   /o-be-do-vat'/ v. have /one´s/
  lunch, dinner

obesit' /o-be-sit'/ v. hang

obet' /o-bet'/ f. sacrifice, victim,
  casualty

obetovat' /o-be-to-vat'/ v. sacrifice

obhajovat' /ob-ha-yo-vat'/ v. defend

obchod /ob-khot/ m. business, commerce,
  trade, store, shop

obchodovat' /ob-kho-do-vat'/ v. trade,
  deal

obilie /o-bi-lye/ n. grain

objat' /ob-yat'/ v. embrace, hug

objavit' /ob-ya-vit'/v. discover, find out

objednat' /ob-yed-nat'/ v. order, book

objednávka /ob-yed-náf-ka/ f. order,
  booking

objem /ob-yem/ m. volume

oblak /ob-lak/ m. cloud

oblast' /ob-last'/ f. region, area

oblátka /ob-lát-ka/ f. wafer

oblek /ob-lek/ m. suit

obličaj /ob-li-chay/ m. face

obličка /ob-lich-ka/ f. kidney

obliect' /sa/ /ob-lyetst'sa/ v. dress,
  put on, clothe

obliečka /ob-lyech-ka/ f. cover, case

obloha /ob-lo-ha/ f. sky

oblok /ob-lok/ m. window

obl'úbený /ob-lyoo-be-nee/ adj. popular,
  favorite

oblúk /ob-look/ m. bow, arch

obmedzit' /ob-med-zit'/ v. limit, restrict

obnovit' /ob-no-vit'/ v. restore, renew

obočie /o-bo-chye/ n. /eye/brow

obor /o-bor/ m. giant

obrad /ob-rat/ m. ceremony

obrana /ob-ra-na/ f. defence

obrátit' /ob-rá-tyit'/ v. turn, reverse

obraz /ob-ras/ m. picture, image

obrazovka /ob-ra-zof-ka/ f. screen

obriadit' /ob-rya-dyit'/ v. clean, tidy up

obrus /ob-rus/ m. table-cloth

obrúsok /ob-roo-sok/ m. napkin

obsadit' /ob-sa-dyit'/ v. occupy, reserve

obsah /ob-sakh/ m. capacity, contents

obsahovat' /ob-sa-ho-vat'/ v. contain,
  include

obsluha /ob-slu-ha/ f. service, atten-
  dance

obsluhovat' /ob-slu-ho-vat'/ v. serve,
  attend, operate

obstarat' /ob-sta-rat'/ v. provide, get,
  obtain, procure

obt'ažovat' /ob-tya-zho-vat'/ v. annoy,
  bother, trouble

obut' /o-but'/ v. put on /one´s/ shoe
obuv /o-buf/ f. footwear
obväz /ob-vaes/ m. bandage, dressing
obvinit' /ob-vi-nyit'/ v. accuse
obvod /ob-vot/ m. district
obyčajne /o-bi-chay-nye/ adv. usually
obyčajný /o-bi-chay-nee/ adj. usual,
  common, ordinary
obyvatel' /o-bi-va-tyel'/ m. inhabitant
obyvatel'stvo /o-bi-va-tyel'-stvo/ n.
  population
obžalovaný /ob-zha-lo-va-nee/ adj. the
  accused, defendant
ocel' /o-tsel'/ f. steel
ocenit' /o-tse-nyit'/ v. appreciate,
  value
ocot /o-tsot/ m. vinegar
očakávat' /o-cha-ká-vat'/ v. expect,await
očkovanie /och-ko-va-nye/ n. inoculation
od /od/ prep. from, since, of, by
odbočit' /od-bo-chit'/ v. turn, deflect
odborník /od-bor-nyeek/ m. specialist,
  expert
odčítat' /od-chee-tat'/ v.subtract,deduct
oddaný /od-da-nee/ adj. devoted
oddelenie /od-dye-le-nye/ n. department,
  compartment, section, separation

oddelit' /od-dye-lit'/ v. separate, detach

odev /o-dyef/ m. clothes, dress

odhad /od-hat/ m. estimate, guess

odchádzat' /od-khád-zat'/ v. depart,
  leave, go away

odchod /od-khot/ m. departure

odíst' /od-eest'/ v. leave, depart

odjazd /od-yast/ m. departure

odkaz /od-kas/ m. message, reference

odkedy /od-ke-di/ adv. since when

odkial' /od-kyal'/ adv. from where

odkladat' /od-kla-dat'/ v. delay, put
  off, postpone

odlet /od-let/ m. departure /by plane/

odliv /od-lif/ m. low tide

odmena /od-me-na/ f. reward, award

odmietat' /od-mye-tat'/ v. refuse, deny,
  reject

odniest' /od-nyest'/ v. take away, carry
  away

odomknút' /o-dom-knoot'/ v. unlock

odovzdat' /o-do-vzdat'/ v. deliver, return

odpad /od-pat/ m. waste, garbage, drain

odpočinok /od-po-chi-nok/ m. rest

odpočívat' /od-po-chee-vat'/ v. have
  a rest, relax

odpoludnie /od-po-lud-nye/ n. afternoon

odpor /od-por/ m. resistance, opposition, disgust

odporovat' /od-po-ro-vat'/ v. resist, contradict, oppose

odpoved' /od-po-vet'/ f. answer, reply

odpovedat' /od-po-ve-dat'/ v. answer, reply

odpustit' /od-pus-tyit'/ v. forgive

odrazit' /od-ra-zit'/ v. knock off, reflect, bounce

odstránit' /od-strá-nyit'/ v. remove, put away

odstup /od-stup/ m. distance

odstúpit' /od-stoo-pit'/ v. withdraw, resign

odsúdit' /od-soo-dyit'/ v. condemn, sentence

odsunút' /od-su-noot'/ v. shift aside, postpone, put off

odtial' /od-tyal'/ adv. from here

odvaha /od-va-ha/ f. courage

odvážit' sa /od-vá-zhit'sa/ v. dare, risk

odvážny /od-vázh-ni/ adj. bold, courageous

odviest' /od-vyest'/ v. give back, take away, enlist

odvolat' /od-vo-lat'/ v. call off, withdraw, cancel, appeal

odznak /od-znak/ m. badge

oheň /o-hen^y/ m. fire

ohľad /o-hlyat/ m. regard, consideration,
  respect

ohlásiť /o-hlá-siť/ v. announce

ohňostroj /oh-nyo-stroy/ m. fireworks

oholiť /o-ho-liť/ v. shave

ohovárať /o-ho-vá-rať/ v. slander

ohýbať /o-hee-bať/ v. bend, bow

ochota /o-kho-ta/ f. willingness, readi-
  ness

ochotný /o-khot-nee/ adj. willing, ready

ochrana /o-khra-na/ f. protection, safe-
  guard, preservation

okamih /o-ka-mikh/ m. moment, instant

okamžite /o-kam-zhi-tye/ adv. immediate-
  ly, at once

okno /ok-no/ n. window

oko /o-ko/ n. eye

okolie /o-ko-lye/ n. surroundings

okolnosť /o-kol-nosť/ f. circumstance,
  conditions

okolo /o-ko-lo/ prep., adv. around, about

okraj /o-kray/ m. margin, brim, edge, curb

okrem /ok-rem/ prep. besides

okres /ok-res/ m. district

okruh /o-krukh/ m. circle, circuit, round

október /ok-tó-ber/ m. October

okuliare /o-ku-lya-re/ pl. spectacles,
  glasses

olej /o-ley/ m. oil

oliva /o-li-va/ f. olive

olovo /o-lo-vo/ n. lead

olovrant /o-lo-vrant/ m. /afternoon/ tea,
  snack

omáčka /o-mách-ka/ f. sauce, gravy

omdliet' /om-dlyet'/ v. faint

omša /om-sha/ f. mass

omyl /o-mil/ m. error, mistake

on /on/ pron. he

ona /o-na/ pron. she

oneskorit' sa /o-nye-sko-rit'sa/ v. be
  late

oni, ony /o-nyi,o-ni/ pron. they

ono /o-no/ pron. it

opak /o-pak/ m. reverse, opposite

opakovat' /o-pa-ko-vat'/ v. repeat,revise

opálit' sa /o-pá-lit'sa/ v. get a sun-tan

opasok /o-pa-sok/ m. belt

opatrenie /o-pat-re-nye/ n. measure, pro-
  vision, arrangement

opatrit' /o-pat-rit'/ v. provide, get

opatrný /o-pa-tr-nee/ adj. carefull,
  cautious

opatrovat' /o-pa-tro-vat'/ v. look after,
  take care of, tend
opät' /o-paet'/ adv. again
opätok /o-pae-tok/ m. heel
opera /o-pe-ra/ f. opera
operácia /o-pe-rá-tsi-ya/ f. operation
opica /o-pi-tsa/ f. monkey, ape
opit' sa /o-pit'sa/ v. get drunk
oplatit' /o-pla-tyit'/ v. repay, pay back
opona /o-po-na/ f. curtain
oprava /o-pra-va/ f. correction, repair
opravit' /o-pra-vit'/ v. correct, repair
opriet' sa /o-pryet'sa/ v. lean, lean
  against
opustit' /o-pus-tyit'/ v. leave, abandon,
  quit
oranžový /o-ran-zho-vee/ adj. orange
orat' /o-rat'/ v. plow, plough
orech /o-rekh/ m. nut, walnut
organ /or-gan/ m. organ
organizovat' /or-ga-nyi-zo-vat'/ v.
  organize
orchester /or-khes-tyer/ m. orchestra
orol /o-rol/ m. eagle
os /os/ f. axis, axle
osa /o-sa/ f. wasp
osem /o-sem/ num. eight

osemdesiat /o-sem-dye-syat/ num. eighty

osemnást' /o-sem-nást'/ num. eighteen

oslava /o-sla-va/ f. celebration

oslobodit' /o-slo-bo-dyit'/ v. set free,
  liberate, release

oslovit' /o-slo-vit'/ v. address,speak to

osoba /o-so-ba/ f. person

osobnost' /o-sob-nost'/ f. personality

osobný /o-sob-nee/ adj. personal

osol /o-sol/ m. donkey, ass

ostatne /o-stat-nye/ adv. after all, be-
  sides

ostatní /o-stat-nyee/ adj. pl. the rest

ostrov /os-trof/ m. island

ostrý /os-tree/ adj. sharp, acute

osud /o-sut/ m. fate, destiny, fortune

osvetlenie /o-svet-le-nye/ n. lighting,
  illumination

ošetrovat' /o-she-tro-vat'/ v. attend,
  treat, nurse

ošetrovatel'ka /o-she-tro-va-tyel'-ka/ f.
  nurse

ošklivý /osh-kli-vee/ adj. ugly, nasty

otáčat' sa /o-tá-chat'sa/ v. turn /round/
  revolve

otázka /o-tás-ka/ f. question, issue

otec /o-tyets/ m. father

otrava /o-tra-va/ f. poisoning, bore,
  nuisance
otrok /o-trok/ m. slave
otruby /o-tru-bi/ pl. bran
otužilý /o-tu-zhi-lee/ adj. hardy
otvárat' /ot-vá-rat'/ v. open
otvor /ot-vor/ m. opening, hole
otvorený /ot-vo-re-nee/ adj. open
ovca /of-tsa/ f. sheep
overit' /o-ve-rit'/ v. verify, check
ovládat' /o-vlá-dat'/ v. control, com-
  mand
ovocie /o-vo-tsye/ n. fruit
ozaj /o-zay/ adv. really, indeed
ozbrojený /o-zbro-ye-nee/ adj. armed
ozdoba /o-zdo-ba/ f. ornament, decoration
označit' /o-zna-chit'/ v. mark,indicate
oznámenie /o-zná-me-nye/ n. announcement,
  notice
oznámit' /o-zná-mit'/ v. announce, inform
ozvena /o-zve-na/ f. echo, resonance
oženit' sa /o-zhe-nyit'sa/ v. get married

P

pád /pát/ m. fall, drop, case
padat' /pa-dat'/ v. fall, drop

páchnut' /pákh-nut'/ v. smell, stink

palác /pa-láts/ m. palace

palacinka /pa-la-tsin-ka/ f. pancake

palec /pa-lets/ m. thumb, big toe, inch

palica /pa-li-tsa/ f. stick, rod, club

pálit' /pá-lit'/ v. burn, fire

palivo /pa-li-vo/ n. fuel

pamät' /pa-maet'/ f. memory

pamätat'si/pa-mae-tat'si/ v. remember,
  recall

pamiatka /pa-myat-ka/ f. memory, souvenir

pán /pán/ m. gentleman, Mr., master, man

pančucha /pan-chu-kha/ f. stocking

pani /pa-nyi/ f. lady, madam, Mrs., wife

panna /pa-na/ f. virgin, maiden

panovat' /pa-no-vat'/ v. rule, reign

panvica /pan-vi-tsa/ f. pan, frying-pan

papagáj /pa-pa-gáy/ m. parrot

papier /pa-pyer/ m. paper

paprika /pap-ri-ka/ f. green pepper,
  red paprika

papuča /pa-pu-cha/ f. slipper

pár /pár/ m. pair, couple

para /pa-ra/ f. steam

paradajka /pa-ra-day-ka/ f. tomato

pardon /par-don/ m. sorry,/I beg your/
  pardon

park /park/ m. park
parkovat' /par-ko-vat'/ v. park
parkovisko /par-ko-vis-ko/ n. parking-
  place, car-park
parník /par-nyeek/ m. steamboat
párny /pár-ni/ adj. even
párok /pá-rok/ m. frankfurter, hot dog
partner /part-ner/ m. partner
pas /pas/ m. passport
pás /pás/ m. waist, belt
páska /pás-ka/ f. tape, band
pásmo /pás-mo/ n. zone, belt
pasta /pas-ta/ f. /tooth/-paste
pašovat' /pa-sho-vat'/ v. smuggle
paštéta /pash-tyé-ta/ f. pâté
pátranie /pá-tra-nye/ n. investigation,
  search
patrit' /pat-rit'/ v. belong, rank
páv /páf/ m. peacock
pavúk /pa-vook/ m. spider
päst' /paest'/ f. fist
pät' /paet'/ num. five
päta /pae-ta/ f. heel
pät'desiat /paet'-dye-syat/ num. fifty
pätnást' /paet-nást'/ num. fifteen
pec /pets/ f. furnace, stove, oven
pečat' /pe-chat'/ f. seal

pečeň /pe-chen^y/ f. liver
pečený /pe-che-nee/ adj. roast
pečiatka /pe-chyat-ka/ f. stamp
pečivo /pe-chi-vo/ n. pastry
peha /pe-ha/ f. freckle
pekáreň /pe-ká-ren^y/ f. bakery
peklo /pek-lo/ n. hell
pekný /pek-nee/ adj. nice, fine, pretty
pena /pe-na/ f. foam, lather
peňaženka /pe-nya-zhen-ka/ f. purse
peniaze /pe-nya-ze/ pl. money
penzia /pen-zya/ f. pension, retirement
penzión /pen-zi-yón/ m. guest-house
percento /per-tsen-to/ n. percent
perie /pe-rye/ n. feathers
perina /pe-ri-na/ f. eiderdown
perla /per-la/ f. pearl
perník /per-nyeek/ m. gingerbread
pero /pe-ro/ n. pen, feather, spring
personál /per-so-nál/ m. personnel, staff
pes /pes/ m. dog, hound
pestovat' /pes-to-vat'/ v. grow, raise,
  cultivate, breed
peši /pe-shi/ adv. on foot, walk
petržlen /pe-trzh-len/ m. parsley
pevnina /pev-nyi-na/ f. land, continent
pevný /pev-nee/ adj. firm, solid, sturdy

piano /pi-ya-no/ n. piano
piatok /pya-tok/ m. Friday
piect' /pyetst'/ v. bake, roast
pieseň /pye-sen^y/ f. song
piesok /pye-sok/ m. sand, gravel
pichat' /pi-khat'/ v. prick, sting
píla /pee-la/ f. saw
pilulka /pi-lul-ka/ f. pill
písat' /pee-sat'/ v. write, type
pisateľ /pi-sa-tyel'/ m. writer
písmeno /pees-me-no/ n. letter
pit' /pit'/ v. drink
pivnica /piv-nyi-tsa/ f. tavern, cellar
pivo /pi-vo/ n. beer
plagát /pla-gát/ m. poster, bill
plachetnica /pla-khet-nyi-tsa/ f. sail-
  boat, yacht
plachta /plakh-ta/ f. sail, canvas, sheet
plakat' /pla-kat'/ v. cry, weep
plán /plán/ m. plan, schedule, design
plánovat' /plá-no-vat'/ v. plan, design
plášt' /plásht'/ m. coat, raincoat, tire
plat /plat/ m. pay, income, salary, wage
platit' /pla-tyit'/ v. pay, apply to
platňa /plat-nya/ f. plate, record
plátno /plát-no/ n. linen, cloth, screen,
  canvas

platný /plat-nee/ adj. valid
plátok /plá-tok/ m. slice
plávat' /plá-vat'/ v. swim
plavky /plaf-ki/ pl. swimsuit, trunks
pláž /plázh/ f. beach
plech /plekh/ m. tin, metal sheet
plechovka /ple-khof-ka/ f. can, tin
ples /ples/ m. ball
pleseň /ple-sen^y/ f. mould, mildew
plet' /plet'/ f. complexion
plevel /ple-vel/ m. weed
plienka /plyen-ka/ f. diaper, napkin
pliest' /plyest'/ v. knit, weave
plnit' /pl-nyit'/ v. fill, accomplish
plnka /pln-ka/ f. stuffing
plný /pl-nee/ adj. full
plod /plot/ m. fruit
plodný /plod-nee/ adj. fertile, fruitful
plocha /plo-kha/ f. area, surface
plochý /plo-khee/ adj. flat
plot /plot/ m. fence
pl'úca /plyoo-tsa/ pl. lungs
pl'uvat' /plyu-vat'/ v. spit
plyn /plin/ m. gas
plynulý /pli-nu-lee/ adj. fluent
pneumatika /pnew-ma-ti-ka/ f. tire
po /po/ prep. after, past, until, over

pobrežie /po-bre-zhye/ n. coast
pobyt /po-bit/ m. stay
pocit /po-tsit/ m. feeling, sensation
pocta /pots-ta/ f. honor, tribute
poctivý /pots-tyi-vee/ adj. honest, fair
počas /po-chas/ prep. during
počasie /po-cha-sye/ n. weather
počet /po-chet/ m. number, amount
počiatok /po-chya-tok/ m. beginning, origin
počítač /po-chee-tach/ m. computer
počkat' /poch-kat'/ v. wait
počty /poch-ti/ pl. arithmetic
počut' /po-chut'/ v. hear
počúvat' /po-choo-vat'/ v. hear, listen
pod /pot/ prep. under, below, beneath
pod'akovat' /po-dya-ko-vat'/ v. thank
podat' /po-dat'/ v. give, hand, pass
podiel /po-dyel/ m. share, part, portion
podívat' sa /po-dyee-vat'sa/ v. look at,
  have a look
podklad /pot-klat/ m. basis
podkova /pot-ko-va/ f. horseshoe
podl'a /pod-lya/ prep. by, according to
podmienka /pod-myen-ka/ f. condition, term
podnájom /pod-ná-yom/ m. a rented room,
  lodgings
podnebie /pod-nye-bye/ n. climate

podnik /pod-nyik/ m. enterprise, business
podnos /pod-nos/ m. tray
podoba /po-do-ba/ f. form, shape, like-
  ness, resemblance
podobný /po-dob-nee/ adj. similar, re-
  sembling, /a/like
podošva /po-dosh-va/ f. sole
podozrivý /po-do-zri-vee/ adj. suspicious
podpätok /pod-pae-tok/ m. heel /of the
  shoe/
podpis /pod-pis/ m. signature
podpísat' /pod-pee-sat'/ v. sign
podplácat' /pod-plá-tsat'/ v. bribe,
  corrupt
podpora /pod-po-ra/ f. support, aid,
  backing, subsidy, dole
podporovat' /pod-po-ro-vat'/ v. support,
  aid, back, encourage
podprsenka /pod-pr-sen-ka/ f. bra
podráždený /pod-rázh-dye-nee/ adj. edgy,
  irritated, cross
podrobnost' /po-drob-nost'/ f. detail
podrobný /po-drob-nee/ adj. detailed,
  particular
podstatný /pod-stat-nee/ adj. substantial,
  essential
podšívka /pod-sheef-ka/ f. lining

podviest' /pod-vyest'/ v. deceive, cheat
podvodník /pod-vod-nyeek/ m. cheat, crook
podzemný /pod-zem-nee/ adj. underground
poézia /po-é-zi-ya/ f. poetry
pohan /po-han/ m. pagan, heathen
pohl'ad /po-hlyat/ m. look, glance, gaze,
  sight, view
pohl'adnica /po-hlyad-nyi-tsa/ f. postcard
pohlavie /po-hla-vye/ n. sex
pohodlie /po-hod-lye/ n. comfort
pohodlný /po-ho-dl-nee/ adj. comfortable
pohotový /po-ho-to-vee/ adj. ready
pohovka /po-hof-ka/ f. sofa, couch
pohŕdat' /po-hr-dat'/ v. despise
pohreb /poh-reb/ m. funeral, burial
pohromade /po-hro-ma-dye/ adv. together
pohyb /po-hip/ m. motion, movement
pochod /po-khot/ m. march
pochopit' /po-kho-pit'/ v. understand,
  comprehend
pochybovat' /po-khi-bo-vat'/ v. doubt
poistit' /po-is-tyit'/ v. insure, secure
poistka /po-ist-ka/ f. /insurance/ policy,
  fuse
pojem /po-yem/ m. notion, idea, concept
pokial' /po-kyal'/ adv. as long as, as to
poklad /po-klat/ m. treasure

pokladnica /po-klad-nyi-tsa/ f. safe,
  cash-register, box-office
pokles /po-kles/ m. decline, drop
poklona /po-klo-na/ f. bow
pokoj /po-koy/ m. peace, calm, quiet
pokračovat' /po-kra-cho-vat'/ v. go on,
  carry on, continue, proceed
pokročilý /po-kro-chi-lee/ adj.advanced
pokrok /po-krok/ m. progress, advance
pokrývka /po-kreef-ka/ f. cover, blanket
pokus /po-kus/ m. attempt, experiment
pokušenie /po-ku-she-nye/ n. temptation
pokuta /po-ku-ta/ f. penalty, fine
pol /pol/ num. half
pole /po-le/ n. field
polica /po-li-tsa/ f. shelf
polícia /po-lee-tsi-ya/ f. police
polievka /po-lyef-ka/ f. soup
politický /po-li-tyits-kee/ adj. political
polnoc /pol-nots/ f. midnight
poloha /po-lo-ha/ f. position, situation
pol'ovat' /po-lyo-vat'/ v. hunt, chase
položit' /po-lo-zhit'/ v. lay, put
poludnie /po-lud-nye/ n. noon, midday
poludník /po-lud-nyeek/ m. meridian
pomáhat' /po-má-hat'/ v. help, aid
pomaly /po-ma-li/ adv. slow

pomaranč /po-ma-ranch/ m. orange
pomer /po-mer/ m. ratio, proportion,
  relation, attitude
pomoc /po-mots/ f. help, aid
pomstit' /pom-styit'/ v. avenge, revenge
ponáhl'at' sa /po-ná-hlyat'sa/ v. hurry
pondelok /pon-dye-lok/ m. Monday
ponížený /po-nyee-zhe-nee/ adj. humble
ponížit' /po-nyee-zhit'/ v. humiliate
ponožka /po-nosh-ka/ f. sock
ponúkat' /po-noo-kat'/ v. offer, urge
poplach /po- plakh/ m. alarm
poplatok /po-pla-tok/ m. fee, charge,
  duty, tax
popol /po-pol/ m. ash, ashes, cinders
popolník /po-pol-nyeek/ m. ashtray
popoludnie /po-po-lud-nye/ n. afternoon
poprava /po-pra-va/ f. execution
porada /po-ra-da/ f. meeting
poradit' /po-ra-dyit'/ v. advise
porazit' /po-ra-zit'/ v. defeat, beat,
  knock down
porážka /po-rásh-ka/ f. defeat
poriadny /po-ryad-ni/ adj. orderly, tidy
poriadok /po-rya-dok/ m. order
porodit' /po-ro-dyit'/ v. give birth to
porota /po-ro-ta/ f. jury

porucha /po-ru-kha/ f. defect, failure,
  breakdown

porušiť /po-ru-shiť/ v. break, violate

posadiť sa /po-sa-dyiť'sa/ v. sit down,
  take a seat

poschodie /po-skho-dye/ n. floor

poslanec /po-sla-nyets/ m. deputy, re-
  presentative, member

poslať /po-slať/ v. send, mail, post

posledný /po-sled-nee/ adj. last,latest

poslúchať /po-sloo-khať/ v. obey

poslušný /po-slush-nee/ adj. obedient

postava /po-sta-va/ f. figure, form,
  character

postavenie /po-sta-ve-nye/ n. position,
  rank, post

postaviť /po-sta-viť/ v. build, place,
  stand, set up

posteľ /po-styeľ/ f. bed

postupovať /po-stu-po-vať/ v. advance,
  proceed

poškodiť /po-shko-dyiť/ v. damage,harm

pošta /posh-ta/ f. mail, post, post-
  office

poštár /posh-tár/ m. mailman, postman

poštovné /posh-tov-né/ n. postage

potešenie /po-tye-she-nye/ n. pleasure,
  delight

potit' sa /po-tyit'sa/ v. perspire,sweat
potlačit' /po-tla-chit'/ v. suppress
potlesk /po-tlesk/ m. applause
potok /po-tok/ m. brook, creek, stream
potom /po-tom/ adv. then, afterwards
potomok /po-to-mok/ m. descendant
potrat /po-trat/ m. abortion
potrava /po-tra-va/ f. food
potreba /po-tre-ba/ f. need, necessity
potrebovat' /po-tre-bo-vat'/ v. need,want
potvrdenie /po-tvr-dye-nye/ n. certifi-
  cate, confirmation, acknowledgement
poukaz /pow-kas/ m. voucher, order
použit' /po-u-zhit'/ v. use, take, apply
povaha /po-va-ha/ f. character, nature
povala /po-va-la/ f. ceiling, attic
považovat' /po-va-zho-vat'/ v. consider,
  regard
povedat' /po-ve-dat'/ v. tell, say
povera /po-ve-ra/ f. superstition
povest' /po-vest'/ f. reputation, tale
poviedka /po-vyet-ka/ f. story, tale
povinnost' /po-vi-nost'/ f. duty
povinný /po-vi-nee/ adj. compulsory
povlak /po-vlak/ m. cover, coating, case
povolanie /po-vo-la-nye/ n. profession,
  occupation

povolenie /po-vo-le-nye/ n. permission,
  licence
povolit' /po-vo-lit'/ v. allow, permit,
  give in, relent, un/do, screw, tie/
povraz /po-vras/ m. rope, cord
povrch /po-vrkh/ m. surface
povstanie /po-vsta-nye/ n. /up/rising
povstat' /po-vstat'/ v. stand up, rise,
  revolt
povýšenie /po-vee-she-nye/ n. promotion
povzbudit' /po-vzbu-dyit'/ v. cheer up,
  encourage
pozadu /po-za-du/ adv. behind, backward
pozajtra /po-zay-tra/ adv. the day after
  tomorrow
pozdĺž /poz-dlzh/ prep. along
pozdrav /po-zdraf/ m. greeting
pozdravit' /po-zdra-vit'/ v. greet
pozemok /po-ze-mok/ m. lot, plot, ground
pozerat' sa /po-ze-rat'sa/ v. look, gaze
poznámka /po-znám-ka/ f. note, remark,
  comment
poznat' /po-znat'/ v. /get to/know, find
  out, recognize
pozor /po-zor/ m.,int. attention, care,
  beware of, look out
pozornost' /po-zor-nost'/ f. attention

pozorovat' /po-zo-ro-vat'/ v. watch,
  observe, notice
pozvanie /po-zva-nye/ n. invitation
pozvat' /po-zvat'/ v. invite
požiadat' /po-zhya-dat'/ v. ask, demand,
  claim
požiar /po-zhyar/ m. fire
požičat' /po-zhi-chat'/ v. lend
požičat' si /po-zhi-chat'si/ v. borrow
pôda /pó-da/ f. soil, ground, land
pôrod /pó-rot/ m. childbirth, delivery
pôsobit' /pó-so-bit'/ v. work, affect
pôst /póst/ m. fast/ing/
pôvabný /pó-vab-nee/ adj. graceful, at-
  tractive, charming
pôvod /pó-vot/ m. origin, descent
práca /prá-tsa/ f. work, job, labor
pracovat' /pra-tso-vat'/ v. work
pracovník /pra-tsov-nyeek/ m. worker
práčka /prách-ka/ f. washing-machine
práčňa /prách-nya/ f. laundry
Praha /pra-ha/ f. Prague
prach /prakh/ m. dust, powder
prameň /pra-men^y/ m. spring, source
prasa /pra-sa/ n. pig, hog
prasknút' /prask-noot'/ v. burst, crack
prášok /prá-shok/ m. powder, pill

prat' /prat'/ v. wash
pravda /prav-da/ f. truth
pravdepodobný /prav-dye-po-dob-nee/ adj.
  probable, likely
pravdivý /prav-dyi-vee/ adj. true
práve /prá-ve/ adv. just, precisely
pravidelný /pra-vi-dyel-nee/ adj. regular
pravidlo /pra-vid-lo/ n. rule
pravítko /pra-veet-ko/ n. ruler
právnik /práv-nyik/ m. lawyer
právny /práv-ni/ adj. legal
právo /prá-vo/ n. right, law
pravý /pra-vee/ adj. right, real, genuine
prax /praks/ f. practice, experience
prázdniny /prázd-nyi-ni/ pl. vacation/s/,
  holidays
prázdny /prázd-ni/ adj. empty, vacant
pre /pre/ prep. for, because of
preč /prech/ adv. away, past, gone
prečo /pre-cho/ adv. why, what for
pred /pret/ prep. before, ago, back,
  ahead of, in front of
predaj /pre-day/ m. sale
predajňa /pre-day-nya/ f. store, shop
predavač /pre-da-vach/ m. salesman
predávat' /pre-dá-vat'/ v. sell
predchádzat' /pred-khád-zat'/ v. precede,
prevent

predkrm /pred-krm/ m. hors d'oeuvre

predložiť /pred-lo-zhiť/ v. present,
  submit

predĺžiť /pre-dl-zhiť/ v. prolong,
  lengthen, extend

predmestie /pred-mes-tye/ n. suburb

predmet /pred-met/ m. object, article,
  topic

prednáška /pred-násh-ka/ f. lecture

prednosť /pred-nosť/ f. preference,
  priority

predný /pred-nee/ adj. front, prominent

predok /pre-dok/ m. ancestor, front

predom /pre-dom/ adv. in advance, before-
  hand

predpis /pred-pis/ m. prescription,
  regulation, recipe

predpokladať /pred-po-kla-dať/ v. as-
  sume, presume, suppose

predpoludnie /pred-po-lud-nye/ n. morning

predpoveď /pred-po-veť/ f. forecast

predpredaj /pred-pre-day/ m. advance sale

predsa /pred-sa/ adv. still, yet

predseda /pred-se-da/ m. chairman

predstava /pred-sta-va/ f. idea, con-
  ception

predstavenie /pred-sta-ve-nye/ n. per-
  formance, introduction

predstavit' /pred-sta-vit'/ v. introduce

predstavit' si /pred-sta-vit'si/ v.
  imagine, figure out

predstavitel' /pred-sta-vi-tyel'/ m.
  representative

predvčerom /pred-vche-rom/ adv. the day
  before yesterday

predvídat' /pred-vee-dat'/ v. anticipate

predvolat' /pred-vo-lat'/ v. summon

prehl'ad /pre-hlyat/ m. survey, view

prehovorit' /pre-ho-vo-rit'/ v. persuade,
  speak

prehrat' /pre-hrat'/ v. lose

prechádzat' /pre-khád-zat'/ v. cross, pass

prechádzat' sa /pre-khád-zat'sa/ v. walk,
  stroll

prechod /pre-khot/ m. passage, crossing

prejav /pre-yaf/ m. demonstration, dis-
  play, address, speech

prekážat' /pre-ká-zhat'/ v. be in the way,
  obstruct

prekážka /pre-kázh-ka/ f. obstacle, ob-
  struction, set-back

preklad /pre-klat/ m. translation

prekvapenie /pre-kva-pe-nye/ n. surprise

prekvapit' /pre-kva-pit'/ v. surprise,
  astonish

preložit' /pre-lo-zhit'/ v. translate,
  transfer, shift
premávka /pre-máf-ka/ f. traffic
premôct' /pre-môtst'/ v. overcome, defeat
premysliet' /pre-mis-lyet'/ v. think over
prenasledovat' /pre-na-sle-do-vat'/ v.
  pursue, persecute
preniknút' /pre-nyi-knoot'/ v. penetrate
prenosný /pre-nos-nee/ adj. portable
prepáčit' /pre-pá-chit'/ v. forgive,
  pardon
prepitné /pre-pit-né/ n. tip
prepych /pre-pikh/ m. luxury
prerušit' /pre-ru-shit'/ v. break, inter-
  rupt, disconnect
presnost' /pres-nost'/ f. accuracy, pre-
  cision, exactness
presný /pres-nee/ adj. precise, exact,
  accurate
prestat' /pres-tat'/ v. stop, cease, quit
prestávka /pre-stáf-ka/ f. break, inter-
  mission, interval
prestieradlo /pre-stye-rad-lo/ n. sheet
presvedčit' /pre-sved-chit'/ v. convince,
  persuade
preto /pre-to/ adv. therefore, that is why
pretože /pre-to-zhe/ conj. because, as

preukaz /prew-kas/ m. I.D. card, card

prevládat' /pre-vlá-dat'/ v. dominate,
  prevail

prevrátit' /pre-vrá-tyit'/ v. overturn,
  overthrow

prezident /pre-zi-dent/ m. president

pri /pri/ prep. at, on, by

priamka /pryam-ka/ f. line

priamo /prya-mo/ adv. direct/ly/,straight

priamy /prya-mi/ adj. direct, straight,
  upright

priat' /pryat'/ v. wish

priateľ /prya-tyel'/ m. friend, boy-
  friend

priateľka /prya-tyel'-ka/ f. friend,
  girl-friend

priateľstvo /prya-tyel'-stvo/ n. friend-
  ship

príbeh /pree-bekh/ m. event, story

pribit' /pri-bit'/ v. nail, fix

približný /pri-blizh-nee/ adj. approxi-
  mate

príbor /pree-bor/ m. fork and knife

príbuzný /pree-buz-nee/ m. relative,
  relation

príčina /pree-chi-na/ f. cause, reason

pridat' /pri-dat'/ v. add, give more

prídel /pree-dyel/ m. ration, allowance

priehľadný /prye-hlyad-nee/ adj. transparent

priehrada /prye-hra-da/ f. barrier, dam

priechod /prye-khot/ m. passage, crossing

priekopa /prye-ko-pa/ f. ditch, trench

priemer /prye-mer/ m. average

priemysel /prye-mi-sel/ m. industry

priepasť /prye-pasť/ f. abyss

priepustka /prye-pust-ka/ f. permit

priestor /prye-stor/ m. space, room

priestupok /prye-stu-pok/ m. offence

prihláška /pri-hlásh-ka/ f. application, registration form

príhoda /pree-ho-da/ f. incident, event

prihodiť sa /pri-ho-dyiť sa/ v. happen, occur

príchod /pree-khot/ m. arrival

prijať /pri-yať/ v. accept, receive

príjemný /pree-yem-nee/ adj. pleasant, nice, agreeable

príklad /pree-klat/ m. example, instance

príkrm /pree-krm/ m. side-dish

prikryť /pri-kriť/ v. cover

prílet /pree-let/ m. arrival /by plane/

príležitosť /pree-le-zhi-tosť/ f. opportunity, occasion, chance príliš /pree-lish/ adv. too

príliv /pree-lif/ m. flood, high tide

priložit' /pri-lo-zhit'/ v. put, apply

primeraný /pri-me-ra-nee/ adj. adequate,
  reasonable

prímerie /pree-me-rye/ n. truce, armistice

princ /prints/ m. prince

princezna /prin-tsez-na/ f. princess

princíp /prin-tseep/ m. principle

priniest' /prinyest'/ v. bring, fetch

prípad /pree-pat/ m. case, event

prípitok /pree-pi-tok/ m. toast, drink

pripojit' /pri-po-yit'/ v. attach, affix

pripomenút' /pri-po-me-noot'/ v. remind,
  recall

pripravený /pri-pra-ve-nee/ adj. ready,
  prepared

pripravit' /pri-pra-vit'/ v. prepare,
  get ready

príroda /pree-ro-da/ f. nature, scenery

prírodný /pree-rod-nee/ adj. natural

prirovnat' /pri-rov-nat'/ v. compare

príručka /pree-ruch-ka/ f. handbook,
  manual

prísada /pree-sa-da/ f. ingredient

prísaha /pree-sa-ha/ f. oath

prisahat' /pri-sa-hat'/ v. swear, take
  an oath

príslovie /pree-slo-vye/ n. proverb

príslušenstvo /pree-slu-shen-stvo/ n.
  accessories

príslušnosť /pree-slush-nosť/ f.
  nationality, competence

prísny /prees-ni/ adj. severe, strict

príspevok /pree-spe-vok/ m.contribution,
  allowance

prispôsobiť /pri-spô-so-biť/ v. adapt,
  adjust, assimilate

prísť /preesť/ v. come, arrive

prisťahovať sa /pri-stya-ho-vaťsa/ v.
  move in, immigrate

pristať /pri-stať/ v. agree to, suit

pristáť /pri-stáť/ v. land, touch down

prístav /pree-staf/ m. port, docks

prístrešie /pree-stre-shye/ n. shelter

prístroj /pree-stroy/ m. apparatus,
  instrument

prístup /pree-stup/ m. access, approach

prísun /pree-sun/ m. supply

príťažlivý /pree-tyazh-li-vee/ adj. at-
  tractive

pritom /pri-tom/ adv. at the same time

prítomný /pree-tom-nee/ adj. present

prízemie /pree-ze-mye/ n. ground floor

príznak /pree-znak/ m. symptom

priznat' /pri-znat'/ v. admit, confess, concede

prízvuk /pree-zvuk/ m. accent, stress

problém /pro-blém/ m. problem

proces /pro-tses/ m. process, trial

profesor /pro-fe-sor/ m. professor

program /pro-gram/ m. program/me/, schedule

promócia /pro-mó-tsi-ya/ f. graduation

prorok /pro-rok/ m. prophet

prosit' /pro-sit'/ v. ask, beg

prospech /pro-spekh/ m. benefit, profit, advantage, progress

prosperovat' /pro-spe-ro-vat'/ v. prosper, do well, succeed

prostredie /pro-stre-dye/ n. enviroment, surroundings

prostredný /pro-stred-nee/ adj. middle

prostriedok /pro-strye-dok/ m. middle, center, means

prostý /pros-tee/ adj. simple, plain

protest /pro-tyest/ m. protest

proti /pro-tyi/ prep. against, opposite

protivný /pro-tyiv-nee/ adj. opposite, nasty, mean

prsia /pr-sya/ pl. breast

prst /prst/ m. finger, toe /on foot/

prsteň   /prs-tyen^y/ m. ring
pršať   /pr-shat'/ v. rain
prúd   /proot/ m. stream, current
prudký   /prut-kee/ adj. vehement, violent
pruh   /prukh/ m. strip, stripe
prút   /proot/ m. rod
pružnee   /pruzh-nee/ adj. elastic,flexible
prvok   /pr-vok/ m. element
prvý   /pr-vee/ num. first
pstruh   /'strukh/ m. trout
pšenica   /pshe-nyi-tsa/ f. wheat
pud   /put/ m. instinct
púder   /poo-der/ m. powder
pulz   /puls/ m. pulse
pumpa   /pum-pa/ f. pump, gas station
pustiť   /pus-tyit'/ v. drop, let fall,
  release
pustý   /pus-tee/ adj. deserted, desolate
puška   /push-ka/ f. rifle, gun
púšť   /poosht'/ f. desert
puto   /pu-to/ n. tie, bond
puzdro   /puz-dro/ n. case, box
pýcha   /pee-kha/ f. pride
pyšný   /pish-nee/ adj. proud
pýtať sa   /pee-tat'sa/ v. ask, inquire
pyžama   /pi-zha-ma/ f. pyjamas

R

rad   /rat/ m. line, row, order
rád   /rát/ adj. glad, like, love, enjoy
rada   /ra-da/ f. advice, counsel
rádio   /rá-dyi-yo/ n. radio, wireless
radiť   /ra-dyiť/ v. advise, consult
radnica   /rad-nyi-tsa/ f. town hall
radosť   /ra-dosť/ f. pleasure, joy
radostný   /ra-dost-nee/ adj. cheerful
raj   /ray/ m. paradise
rajčina   /ray-chi-na/ f. tomato
rajnica   /ray-nyi-tsa/ f. saucepan
rak   /rak/ crawfish, lobster
raketa   /ra-ke-ta/ f. racket, rocket
rakovina   /ra-ko-vi-na/ f. cancer
rakva   /rak-va/ f. coffin
rám   /rám/ m. frame
rameno   /ra-me-no/ n. shoulder, arm
ramienko   /ra-myen-ko/ n. coat-hanger
rana   /ra-na/ f. blow, stroke, wound,cut
raňajky   /ra-nyay-ki/ pl. breakfast
raniť   /ra-nyiť/ v. wound, injure, hurt
ráno   /rá-no/ n. morning
rasa   /ra-sa/ f. race
rásť   /rásť/ v. grow, grow up
rastlina   /rast-li-na/ f. plant

rátat'   /rá-tat'/ v. count, reckon
raz   /ras/ m. once
ráz   /rás/ m. impression, character
razit'   /ra-zit'/ v. mint, coin, force way
raž   /rash/ f. rye
reagovat'   /re-a-go-vat'/ v. react,respond
reálny   /re-ál-ni/ adj. real
rebrík   /reb-reek/ m. ladder
rebro   /reb-ro/ n. rib
recepcia   /re-tsep-tsi-ya/ f. reception
recept   /re-tsept/ m. prescription, recipe
reč   /rech/ f. language, speech
rečník   /rech-nyeek/ m. speaker
referát   /re-fe-rát/ m. report
reforma   /re-for-ma/ f. reform
registrovat'   /re-gis-tro-vat'/ v.register
reklama   /re-kla-ma/ f. advertisement,
   publicity, sign
reklamovat'   /re-kla-mo-vat'/ v. claim
rekreácia   /re-kre-á-tsi-ya/ f. recreation
remeň   /re-men^y/ m. belt, strap
remeslo   /re-mes-lo/ n. /handi/craft
repa   /re-pa/ f. beet, beet-root
reportáž   /re-por-tásh/ f. commentary,talk
reprezentant   /re-pre-zen-tant/ m. repre-
   sentative
republika   /re-pub-li-ka/ f. republic

reštaurácia /resh-taw-rá-tsi-ya/ f.
  restaurant, restoration
reťaz /re-tyas/ m. chain
rev /ref/ m. roar
revolúcia /re-vo-loo-tsi-ya/ f.revolution
revolver /re-vol-ver/ m. gun, revolver
rezance /re-zan-tse/ pl. noodles
rezať /re-zať/ v. cut
rezeň /re-zen^y/ m. cutlet
rezervný /re-zerv-nee/ adj. spare
rezervovať /re-zer-vo-vať/ v. reserve,
  book
režisér /re-zhi-zér/ m. director
riad /ryat/ m. crockery, dishes
riadiť /rya-dyiť/ v. direct, manage,
  drive, steer, clean up
riaditeľ /rya-dyi-tyeľ/ m. director
riadny /ryad-ni/ adj. proper
riadok /rya-dok/ m. line
riediť /rye-dyiť/ v. dillute
riedky /ryet-ki/ adj. thin
rieka /rye-ka/ f. river
riešenie /rye-she-nye/ n. solution
riešiť /rye-shiť/ v. solve
riskovať /ris-ko-vať/ v. risk
ríša /ree-sha/ f. empire
robiť /ro-biť/ v. do, work, make

robota /ro-bo-ta/ f. work, labor
robotník /ro-bot-nyeek/ m. worker
ročný /roch-nee/ adj. annual
rod /rot/ m. kin, race, genus, gender
rodičia /ro-dyi-chya/ pl. parents
rodina /ro-dyi-na/ f. family
rodisko /ro-dyis-ko/ n. birth-place
rodit' /ro-dyit'/ v. bear, yield, give
  birth
roh /rokh/ m. horn, corner
rok /rok/ m. year
rol'ník /rol'-nyeek/ m. peasant, farmer
román /ro-mán/ m. novel
röntgen /rent-gen/ m. X-ray
rosa /ro-sa/ f. dew
roštenka /rosh-tyen-ka/ f. roast-beef,
  stewed steak
rovina /ro-vi-na/f. plain, flat, level
rovnaký /rov-na-kee/ adj. same, equal
rovnat' /sa/ /rov-nat'sa/ v. level,flat-
  ten, equal, compare to
rovno /rov-no/ adv. straight
rovnost' /rov-nost'/ f. equality
rovnováha /rov-no-vá-ha/ f. balance
rovný /rov-nee/ adj. straight, level,
  equal
rozbalit' /roz-ba-lit'/ v. unpack

rozbit' /roz-bit'/ v. break, smash

rozčúliť sa /roz-choo-lit'sa/ v. exite, get excited, lose one's temper

rozdat' /roz-dat'/ v. give away, deal, distribute

rozdeliť /roz-dye-lit'/ v. divide, distribute

rozdiel /roz-dyel/ m. difference, distinction

rozhádzat' /roz-hád-zat'/ v. scatter, squander

rozhlas /roz-hlas/ m. broadcast, radio

rozhodnutie /roz-hod-nu-tye/ n. decision

rozhodnúť' /roz-hod-noot'/ v. decide, determine

rozhovor /roz-ho-vor/ m. talk, conversation

rozchod /roz-khot/ m. separation, parting

rozkaz /roz-kas/ m. order, command

rozklad /roz-klat/ m. decay

rozkoš /roz-kosh/ f. delight, pleasure

rozkvet /roz-kvet/ m. bloom, prime, prosperity

rozliat' /roz-lyat'/ v. spill

rozlišovat' /roz-li-sho-vat'/ v. distinguish, discriminate

rozložit' /roz-lo-zhit'/ v. lay out, take to pieces, decay

rozlúčiť sa /roz-loo-chit'sa/ v. say
  good-by, take leave
rozmer /roz-mer/ m. dimension, size
rozmnožiť /roz-mno-zhit'/ v. increase,
  multiply
rozmysliet' si /roz-mis-lyet'si/ v.
  think over, reconsider
rozobrať /ro-zo-brat'/ v. take apart,
  analyze
rozopnút' /ro-zo-pnoot'/ v. unbutton
rozpačitý /roz-pa-chi-tee/ adj. embar-
  rassed, puzzled
rozpadať sa /roz-pa-dat'sa/ v. crumble,
  fall down
rozpínať /sa/ /roz-pee-nat'sa/ v. expand
rozpočet /roz-po-chet/ m. budget
rozprávať /roz-prá-vat'/ v. talk, tell
rozprávka /roz-práf-ka/ f. fairy-tale
rozpustiť /roz-pus-tyit'/ v. dissolve,
  dismiss
rozpustný /roz-pust-nee/ adj. soluble
rozpúšťať /roz-poosh-tyat'/ v. melt,
  thaw
rozrušiť /roz-ru-shit'/ v. upset, agitate
rozsah /roz-sakh/ m. extent, range
rozsudok /roz-su-dok/ m. judgment, ver-
  dict, sentence

rozsvietit' /roz-svye-tyit'/ v. switch/
  turn on the light
rozšírit' /roz-shee-rit'/ v. spread,
  extend, widen
roztok /roz-tok/ m. solution
roztomilý /roz-to-mi-lee/ adj. nice,
  sweet, cute
rozum /ro-zum/ m. mind, reason, sense
rozumiet' /ro-zu-myet'/ v. understand
rozumný /ro-zum-nee/ adj. reasonable,
  sensible
rozviazat' /roz-vya-zat'/ v. undo, untie
rozviest' sa /roz-vyest'sa/ v. divorce
rozvinút' /roz-vi-noot'/ v. unfold
rozvod /roz-vot/ m. divorce
rozvoj /roz-voy/ m. development
rozvrh /roz-vrkh/ m. schedule, time-table
rôzny /rôz-ni/ adj. different, various
rub /rup/ m. reverse side
rúbat' /roo-bat'/ v. cut, chop
ručit' /ru-chit'/ v. warant, guarentee
ručník /ruch-nyeek/ m. towel, kerchief
rudý /ru-dee/ adj. red
ruch /rukh/ m. rush, traffic
ruka /ru-ka/ f. hand, arm
rukáv /ru-káf/ m. sleeve
rukavica /ru-ka-vi-tsa/ f. glove

rukojemník /ru-ko-yem-nyeek/ m. hostage
rukopis /ru-ko-pis/ m. /hand/writing,
  manuscript
rukovät' /ru-ko-vaet'/ f. handle
rum /rum/ m. rum
rúra /roo-ra/ f. pipe
rušit' /ru-shit'/ v. interfere, disturb
rušný /rush-nee/ adj. busy
ruvačka /ru-vach-ka/ f. row, brawl,fight
rúž /roozh/ m. lipstick
ruža /ru-zha/ f. rose
ružový /ru-zho-vee/ adj. pink, rosy
ryba /ri-ba/ f. fish
rybár /ri-bár/ m. fisherman
rybník /rib-nyeek/ m. pond
rýchlo /reekh-lo/ adv. fast, quickly
rýchlik /reekh-lik/ m. express train
rýchly /reekh-li/ adj. fast, quick
rysovat' /ri-so-vat'/ v. draw, outline
ryt' /rit'/ v. dig, engrave
rytier /ri-tyer/ m. knight
ryža /ri-zha/ f. rice

S

s, so /s, so/ prep. with, and
sad /sat/ m. orchard

sada /sa-da/ f. set
sadat'/si/ v. sit down, be seated
sadlo /sad-lo/ n. fat, lard
sádzat' /sád-zat'/ v. plant, set up
sadzba /sad-zba/ f. rate, tariff
sako /sa-ko/ n. jacket
sála /sá-la/ f. hall
saláma /sa-lá-ma/ f. sausage, salami
sám /sám/ pron., adj. alone, ...self
samec /sa-mets/ m. male
samica /sa-mi-tsa/ f. female
samohláska /sa-mo-hlás-ka/ f. vowel
samoobsluha /sa-mo-ob-slu-ha/ f. self-
  service, supermarket
samostatnost' /sa-mo-stat-nost'/ f. in-
  dependence
samostatný /sa-mo-stat-nee/ adj. inde-
  pendent
samota /sa-mo-ta/ f. solitude, lone-
  liness, seclusion
samotný /sa-mot-nee/ adj. alone,lonely
samovražda /sa-mo-vrazh-da/ f. suicide
samozrejme /sa-mo-zrey-me/ adv. of
  course, naturally
samozrejmý /sa-mo-zrey-mee/ adj. obvious
sane /sa-nye/ pl. sledge
sanitka /sa-nyit-ka/ f. ambulance /car/

sardinka /sar-dyin-ka/ f. sardine

scéna /stsé-na/ f. scene, stage

sčítat' /schee-tat'/ v. add

sebadôvera /se-ba-dó-ve-ra/ f. self-
  confidence

sebavedomý /se-ba-ve-do-mee/ adj. self-
  confident

sebec /se-bets/ m. egoist

sedadlo /se-dad-lo/ n. seat

sedem /se-dyem/ num. seven

sedemdesiat /se-dyem-dye-syat/ num.
  seventy

sedemnást' /se-dyem-nást'/ num. seven-
  teen

sediet' /se-dyet'/ v. sit

sedliak /sed-lyak/ m. farmer, peasant

sedlo /sed-lo/ n. saddle

sekat' /se-kat'/ v. cut, chop, mow

sekera /se-ke-ra/ f. axe

sekretár /sek-re-tár/ m. secretary

sem /sem/ adv. here

semeno /se-me-no/ n. seed

sen /sen/ m. dream

seno /se-no/ n. hay

september /sep-tyem-ber/ m. September

servírka /ser-veer-ka/ f. waitress

servírovat' /ser-vee-ro-vat'/ v. serve

servis /ser-vis/ m. service

servus /ser-vus/ int. hallo

sesternica /ses-tyer-nyi-tsa/ f. cousin

sestra /ses-tra/ f. sister, /hospital/
  nurse

sever /se-ver/ m. north

severný /se-ver-nee/ adj. north, nothern

sexuálny /se-xu-ál-ni/ adj. sexual

sezóna /se-zó-na/ f. season

schádzat' /skhád-zat'/ v. be missing,
  be absent, go down

schádzat' sa /skhád-zat'sa/ v. meet

schod /skhot/ m. step, stair

schodište /skho-dyish-tye/ n. staircase

schopný /skhop-nee/ adj. able, capable,
  competent, fit

schovat'/sa/ /skho-vat'sa/ v. hide

schôdzka /skhôd-ska/ f. meeting, date,
  appointment

schránka /skhrán-ka/ f. box, letter-box

schválit' /skhvá-lit'/ v. approve, pass

schválne /skhvál-nye/ adv. on purpose,
  deliberately

siahnut' /syah-nut'/ v. reach out, touch

siat' /syat'/ v. sow, seed

sídlisko /seed-lis-ko/ n. housing estate

sieň /syen^y/ f. hall

siet' /syet'/ f. net, network
signál /sig-nál/ m. signal, traffic light
sila /si-la/ f. strenght, power, force
silný /sil-nee/ adj. strong, powerful,
  sturdy, keen
sirota /si-ro-ta/ f. orphan
sito /si-to/ n. sieve, filter, strainer
situácia /si-tu-á-tsi-ya/ f. situation
skala /ska-la/ f. rock
skazený /ska-ze-nee/ adj. spoiled, bad
skazit' /sa/ /ska-zit'sa/ v. spoil, go bad
sklad /sklat/ m. stock, store
skladat' /sa/ /skla-dat'sa/ v. fold, un-
  load, compose, stack, consist
skladatel' /skla-da-tyel'/ m. composer
skladište /skla-dyish-tye/ n. warehouse
sklamat' /skla-mat'/ v. disappoint
sklenica /skle-nyi-tsa/ f. glass, goblet
sklený /skle-nee/ adj. glass
sklo /sklo/ n. glass
sklon /sklon/ m. slope, inclination,
  tendency
sklonit' /sa/ /sklo-nyit'sa/ v. bend, bow
skočit' /sko-chit'/ v. jump, spring, leap
skončit' /skon-chit'/ v. end, be over,
  finish
skoro /sko-ro/ adv. almost, nearly, soon

skôr /skór/ adv. before, rather

skrátit' /skrá-tyit'/ v. shorten

skriňa /skri-nya/ f. wardrobe, cabinet

skromný /skrom-nee/ adj. modest, humble

skrutka /skrut-ka/ f. screw

skrz /skrs/ adv. through

skúmat' /skoo-mat'/ v. research, examine

skupina /sku-pi-na/ f. group, set

skúsenost' /skoo-se-nost'/ f. experience

skúsit' /skoo-sit'/ v. try, experience

skúšat' /skoo-shat'/ v. examine, test,
  try on, rehearse

skúška /skoosh-ka/ f. examination, test

skutočne /sku-toch-nye/ adv. really, in-
  deed

skutočný /sku-toch-nee/ adj. real,actual

skutok /sku-tok/ m. act, deed

slabnút' /slab-noot'/ v. grow weak,weaken

slabý /sla-bee/ adj. weak, thin

sladký /slat-kee/ adj. sweet

slama /sla-ma/ f. straw

slanina /sla-nyi-na/ f. bacon

slaný /sla-nee/ adj. salty

sláva /slá-va/ f. fame, glory

slávit' /slá-vit'/ v. celebrate

slávnost' /sláv-nost'/ f. celebration,
  ceremony, festival

slávny /sláv-ni/ adj. famous,celebrated
slečna /slech-na/ f. young lady, Miss
sled' /sled'/ m. herring
sledovat' /sle-do-vat'/ v. follow, watch
slepý /sle-pee/ adj. blind
sliepka /slyep-ka/ f. hen
slina /sli-na/ f. saliva, spittle
slivovica /sli-vo-vi-tsa/ f. plum brandy
slnce /sln-tse/ n. sun
sloboda /slo-bo-da/ f. freedom, liberty
slobodný /slo-bod-nee/ adj. free, single,
  unmarried
sloh /slokh/ m. style
slon /slon/ m. elephant
Slovák /slo-vák/ m. Slovak
Slovan /slo-van/ m. Slav
slovenčina /slo-ven-chi-na/ f. Slovak
Slovensko /slo-ven-sko/ n. Slovakia
slovenský /slo-ven-skee/ adj. Slovak
slovník /slov-nyeek/ m. dictionary
slovo /slo-vo/ n. word
sl'ub /slyup/ m. promise
sl'úbit' /slyoo-bit'/ v. promise
sluha /slu-ha/ m. servant, attendant
sluch /slukh/ m. hearing
slušný /slush-nee/ adj. decent, fair
služba /sluzh-ba/ f. service, duty,favor

slúžit' /sloo-zhit'/ v. serve, attend
slúžka /sloosh-ka/ f. maid
slza /sl-za/ f. tear
smädný /smaed-nee/ adj. thirsty
smelý /sme-lee/ adj. daring, bold
smer /smer/ m. direction, course, trend
smet' /smet'/ f. garbage, rubbish
smiat' sa /smyat'sa/ v. laugh, smile
smiech /smyekh/ m. laughter, laugh
smiet' /smyet'/ v. be allowed to, may
smola /smo-la/ f. pitch, bad luck
smotana /smo-ta-na/ f. cream
smrad /smrat/ m. stink, stench
smrek /smrek/ m. spruce
smrt' /smrt'/ f. death
smutný /smut-nee/ adj. sad
smútok /smoo-tok/ m. grief, mourning,
  sadness
snád' /snát'/ adv. perhaps, maybe,
  possibly
snaha /sna-ha/ f. endeavor, effort
snažit' sa /sna-zhit'sa/ v. try
sneh /snyekh/ m. snow
snem /snyem/ m. parliament, council
snežit' /snye-zhit'/ v. snow
snúbenec /snoo-be-nyets/ m. fiancé
snúbenica /snoo-be-nyi-tsa/ f. fiancée

sobáš /so-básh/ m. wedding
sobota /so-bo-ta/ f. Saturday
socializmus /so-tsi-a-lis-mus/ m.
  socialism
sociálny /so-tsi-ál-ni/ adj. social
sódovka /só-dof-ka/ f. soda/water/
socha /so-kha/ f. statue
sok /sok/ m. rival
sokol /so-kol/ m. falcon
sol' /sol'/ f. salt
sopka /sop-ka/ f. volcano
sotva /sot-va/ adv. hardly, as soon as
sova /so-va/ f. owl
spadnút' /spad-noot'/ v. fall down,
  fall off
spáchat' /spá-khat'/ v. commit
spálit' /spá-lit'/ v. burn, cremate
spálňa /spál-nya/ f. bedroom
spánok /spá-nok/ m. sleep
spat' /spat'/ v. sleep
spät' /spaet'/ adv. backward
spev /spef/ m. singing
spevák /spe-vák/ m. singer
spievat' /spye-vat'/ v. sing
spisovatel' /spi-so-va-tyel'/ m. writer,
  author
splátka /splát-ka/ f. instalment

spliest' /splyest'/ v. confuse, tangle
splnit' /spl-nyit'/ v. fulfil
spodky /spot-ki/ pl. briefs, underpants
spodný /spod-nee/ adj. lower, bottom
spodok /spo-dok/ m. bottom
spojenec /spo-ye-nets/ m. ally
spojenie /spo-ye-nye/ n. connection,
  combination, communication
spojený /spo-ye-nee/ adj. united,combined
spojit' /spo-yit'/ v. link, connect,
  unite, combine, join
spojka /spoy-ka/ f. clutch
spokojný /spo-koy-nee/ adj. satisfied,
  content
spol'ahlivý /spo-lyah-li-vee/ adj.
  reliable
spol'ahnút' sa /spo-lyah-noot'sa/ v.
  rely, depend on
spoločenský /spo-lo-chen-skee/ adj.
  social, sociable
spoločnost' /spo-loch-nost'/ f. company,
  society, community, party
spoločný /spo-loch-nee/ adj. common,
  joint, mutual
spolok /spo-lok/ m. club, association
spolu /spo-lu/ adv. together, along with
spoluhláska /spo-lu-hlás-ka/ f. consonant

spolupracovat' /spo-lu-pra-tso-vat'/ v.
  cooperate, collaborate
spomenút' si /spo-me-noot'si/ v. re-
  member, recollect
spomienka /spo-myen-ka/ f. memory
spona /spo-na/ f. clasp, buckle
spor /spor/ m. dispute, argument, con-
  flict, controversy
sporit' /spo-rit'/ v. save
spotreba /spo-tre-ba/ f. consumption
spoved' /spo-vet'/ f. confession
spoznat' /spo-znat'/ v. recognize
spôsob /spó-sop/ m. way, method, manner
spôsobit' /spó-so-bit'/ v. cause
správa /sprá-va/ f. administration,
  management, news, report
správat' sa /sprá-vat'sa/ v. behave
správca /spráf-tsa/ m. caretaker, manager
spravit' /spra-vit'/ v. do, make, repair
správny /správ-ni/ adj. right, correct
spravodlivost' /spra-vod-li-vost'/ f.
  justice, fairness
spravodlivý /spra-vod-li-vee/ adj. just,
  fair
sprcha /spr-kha/ f. shower
sprievod /sprye-vot/ m. procession
sprievodca /sprye-vod-tsa/ m. companion,
  guide, conductor

sprisahanie /spri-sa-ha-nye/ n. plot,
  conspiracy
sprostý /spros-tee/ adj. stupid, silly
spustošiť /spu-sto-shit'/ v. devastate
srdce /srd-tse/ n. heart
srdečný /sr-dech-nee/ adj. cordial,hearty
srnčie /srn-chye/ n. deer, venison
srsť /srsť/ f. hair, fur
stabilný /sta-bil-nee/ adj. stable
stačiť /sta-chit'/ v. be sufficient,
  keep up
sťahovať /stya-ho-vat'/ v. pull down,
  draw, move
stále /stá-le/ adv. always, all the time
stály /stá-li/ adj. constant, permanent,
  steady
stan /stan/ m. tent
stanica /sta-nyi-tsa/ f. station, stop
stánok /stá-nok/ m. stand, stall
starať sa /sta-rat'sa/ v. take care,
  look after, worry
starnúť /star-noot'/ v. grow old
starosť /sta-rosť/ f. care, worry,
  trouble, anxiety
starosta /sta-ros-ta/ m. mayor
starožitnosť /sta-ro-zhit-nosť/ f.
  antique

starý /sta-ree/ adj. old

stat' sa /stat'sa/ v. become, get, turn, happen, occur

stát' /stát'/ v. stand, cost

statočný /sta-toch-nee/ adj. courageous, brave, honest

statok /sta-tok/ m. cattle, estate, farm, property

stav /staf/ m. state, condition

stavat' /sta-vat'/ v. build, construct, stop

stavba /stav-ba/ f. building, construction

stávka /stáf-ka/ f. bet, strike

st'ažovat' sa, si /stya-zho-vat'sa,si/ v. complain

stehno /styeh-no/ n. thigh

stena /stye-na/ f. wall

stíhat' /styee-hat'/ v. pursue, chase, prosecute

stihnút' /styih-noot'/ v. catch

stisnút' /styis-noot'/ v. press, squeeze

stlat' /stlat'/ v. make the bed

stĺp /stlp/ m. post, pole, column

sto /sto/ num. hundred

stodola /sto-do-la/ f. barn

stolica /sto-li-tsa/ f. chair, stool

stopa /sto-pa/ f. footprint, track, trace

stožiar /sto-zhyar/ m. mast, pole

stôl /stól/ m. table, desk

strácat' /strá-tsat'/ v. lose, waste, fade

strach /strakh/ m. fear, scare

strana /stra-na/ f. side, page, party, direction, point

strašidlo /stra-shid-lo/ n. ghost

strašit' /stra-shit'/ v. frighten, scare

strašný /strash-nee/ adj. awful, terrible

strava /stra-va/ f. food

strávit' /strá-vit'/ v. digest, spend, pass

stráž /strázh/ f. guard, sentry

strážnik /strázh-nyik/ m. policeman

strčit' /str-chit'/ v. push, thrust

stred /stret/ m. center, middle

streda /stre-da/ f. Wednesday

stredisko /stre-dyis-ko/ n. center, health center

stredný /stred-nee/ adj. central, middle, medium

strecha /stre-kha/ f. roof

strela /stre-la/ f. bullet, missile

stretnút' /sa/ /stret-noot'sa/ v. meet, date, encounter

strhnúť /strh-noot'/ v. tear down, pull down

striebro /strye-bro/ n. silver

striedať /sa/ /strye-dat'sa/ v. change, alternate

striekať /strye-kat'/ v. sprinkle, spray

strieľať /strye-lyat'/ v. shoot, fire

strihať /stri-hat'/ v. cut, trim

stroj /stroy/ m. machine, engine

strom /strom/ m. tree

stručný /struch-nee/ adj. brief, short, concise

strúhanka /stroo-han-ka/ f. bread-crumbs

strúhať /stroo-hat'/ v. grate

struna /stru-na/ f. string

strýc /streets/ m. uncle

studený /stu-dye-nee/ adj. cold, cool

studňa /stud-nya/ f. well

stuha /stu-ha/ f. ribbon, band, bow

stúpať /stoo-pat'/ v. rise, go up

stupeň /stu-pen^y/ m. degree, grade, step

stupnica /stup-nyi-tsa/ f. scale

stvorenie /stvo-re-nye/ n. creation, creature

stvoriť /stvo-rit'/ v. create

styk /stik/ m. connection, contact, touch

stýkať sa /stee-kat'sa/ v. be in contact, be in touch

súbeh /soo-bekh/ m. competition

súboj /soo-boy/ m. duel

súbor /soo-bor/ m. set, ensemble, group

súci /soo-tsi/ adj. capable, useful

súcit /soo-tsit/ m. compassion, pity

súčasne /soo-chas-nye/ adv. at the same
  time, simultaneously

súčast' /soo-chast'/ f. part

súčet /soo-chet/ m. total

sud /sut/ m. barrel

súd /soot/ m. court, judgement

sudca /sud-tsa/ m. judge, justice

súdit' /soo-dyit'/ v. judge, try

súhlas /soo-hlas/ m. consent, agreement,
  approval

súhlasit' /soo-hla-sit'/ v. agree, approve,
  consent

suchý /su-khee/ adj. dry

sukňa /suk-nya/ f. skirt

súkromný /soo-krom-nee/ adj. private

súper /soo-per/ m. rival, opponent

súprava /soo-pra-va/ f. set, suite

súrit' /soo-rit'/ v. urge, press

surovina /su-ro-vi-na/ f. raw material

surový /su-ro-vee/ adj. raw, crude,
  brutal, cruel

sused /su-set/ m. neighbor

sústava /soo-sta-va/ f. system
sústavný /soo-stav-nee/ adj. systematic
sústrasť /soos-trast'/ f. sympathy,
  condolence
sústrediť /sa/ /soos-tre-dyit'sa/ v.
  concentrate
sušiť /su-shit'/ v. dry
súťaž /soo-tyazh/ f. competition
suterén /su-te-rén/ m. basement
súvislý /soo-vis-lee/ adj. coherent,
  continuous
súženie /soo-zhe-nye/ n. worry, trouble
svadba /svat-ba/ f. wedding
sval /sval/ m. muscle
svätý /svae-tee/ adj. holy, saint
svedčiť /sved-chit'/ v. witness, testify
svedok /sve-dok/ m. witness
svedomie /sve-do-mye/ n. conscience
svedomitý /sve-do-mi-tee/ adj. con-
  scientious
svet /svet/ m. world
svetadiel /sve-ta-dyel/ m. continent
svetlo /svet-lo/ n. light
svetlý /svet-lee/ adj. light, bright
svetový /sve-to-vee/ adj. world-wide
sviatok /svya-tok/ m. holiday, name-day
sviečka /svyech-ka/ f. candle

svietit' /svye-tyit'/ v. light, shine
svieži /svye-zhi/ adj. fresh
svitanie /svi-ta-nye/ n. dawn
svoj /svoy/ pron. mine, yours, his.....
svokor /svo-kor/ m. father-in-law
svokra /svok-ra/ f. mother-in-law
syn /sin/ m. son
synovec /si-no-vets/ m̄. nephew
sypat' /si-pat'/ v. shower, sprinkle
syr /sir/ m. cheese
systém /sis-tém/ m. system

Š

šach /shakh/ m. chess
šachta /shakh-ta/ f. pit, shaft
šál /shál/ m. scarf, shawl
šalát /sha-lát/ m. salad, lettuce
šálka /shál-ka/ f. cup
šampón /sham-pón/ m. shampoo
šašo /sha-sho/ m. clown, fool
šatka /shat-ka/ f. scarf
šatňa /shat-nya/ f. cloak-room
šaty /sha-ti/ pl. clothes, dress, suit
šedivý /she-dyi-vee/ adj. grey
šéf /shéf/ m. principal, chief, boss
šek /shek/ m. check

šelma /shel-ma/ f. beast
šepkat' /shep-kat'/ v. whisper, promt
šerm /sherm/ m. fencing
šest' /shest'/ num. six
šest'desiat /shest'-dye-syat/ num. sixty
šestnásť /shest-násť/ num. sixteen
šetriť /shet-riť/ v. save, economize,
 spare
šev /shef/ m. seam
šialený /shya-le-nee/ adj. mad, insane
šibenica /shi-be-nyi-tsa/ f. gallows
šikmý /shik-mee/ adj. oblique, slanting
šikovný /shi-kov-nee/ adj. handy, smart,
 competent
šíp /sheep/ m. arrow
šíriť /shee-riť/ v. spread, enlarge
šírka /sheer-ka/ f. width, breadth,
 latitude
široký /shi-ro-kee/ adj. wide, broad
šiť /shiť/ v. sew, stitch
škandál /shkan-dál/ m. scandal
škaredý /shka-re-dee/ adj. ugly
škoda /shko-da/ f. damage, harm, pity
škodiť /shko-dyiť/ v. do harm
škola /shko-la/ f. school
školiť /shko-liť/ v. train
škorica /shko-ri-tsa/ f. cinnamon

škrabat' /shkra-bat'/ v. scratch, scrape
škrob /shkrop/ m. starch
škrtit' /shkr-tyit'/ v. choke, strangle
škrtnút' /shkrt-noot'/ v. cross out,
  delete
škrupina /shkru-pi-na/ f. shell
škvarenina /shkva-re-nyi-na/ f. scrambled
  eggs
škvarit' /shkva-rit'/ v. fry
škvrna /shkvr-na/ f. stain, spot
šl'ahat' /shlya-hat'/ v. whip, lash
šl'achta /shlyakh-ta/ f. nobility, ari-
  stocracy
šliapat' /shlya-pat'/ v. tread, trample,
  pedal, step
šmyk /shmik/ m. skid, slide
šnúra /shnoo-ra/ f. line, cord, string
šnúrka /shnoor-ka/ f. shoe-lace
šofér /sho-fér/ m. driver, chauffeur
šortky /short-ki/ pl. shorts
šošovica /sho-sho-vi-tsa/ f. lentil
šošovka /sho-shof-ka/ f. lens
špargl'a /shpar-glya/ f. asparagus
špatný /shpat-nee/ adj. bad, wrong, ugly,
  nasty, evil
špeciálny /shpe-tsi-yál-ni/ adj. special
špehovat' /shpe-ho-vat'/ v. spy

špenát /shpe-nát/ m. spinach

špendlík /shpen-dleek/ m. pin, safety-pin

šperk /shperk/ m. jewel

špička /shpich-ka/ f. point, tip, peak,
  toe

špina /shpi-na/ f. dirt, filth

špinavý /shpi-na-vee/ adj. dirty, filthy,
  soiled

špión /shpi-yón/ m. spy

šplhat' /shpl-hat'/ v. climb

špongia /shpon-gi-ya/ f. sponge

šport /shport/ m. sport

štadión /shta-di-yón/ m. stadium

štádium /shtá-di-yum/ n. stage, phase

štandard /shtan-dart/ m. standard

štartovat' /shtar-to-vat'/ v. start,
  take off

št'astie /shtyas-tye/ n. luck, happiness

št'astný /shtyast-nee/ adj. lucky, happy,
  fortunate

štát /shtát/ m. state

štátny /shtát-ni/ adj. state

št'ava /shtya-va/ f. juice, gravy

štekat' /shtye-kat'/ v. bark

štepnica /shtyep-nyi-tsa/ f. orchard

štetec /shtye-tyets/ m. brush

štetka /shtyet-ka/ f. brush, shaving
  brush

štiepat' /shtye-pat'/ v. split, chop
štíhly /shtyee-hli/ adj. slim, slender
štípat' /shtyee-pat'/ v. pinch, sting
štít /shtyeet/ m. shield, sign
štítit' sa /shtyee-tyit'sa/ v. detest,
  loathe
štrajk /shtrayk/ m. strike
štrbina /shtr-bi-na/ f. slot, crack
štrnást' /shtr-nást'/ num. fourteen
študent /shtu-dyent/ m. student
študovat' /shtu-do-vat'/ v. study
štvat' /shtvat'/ v. chase, hunt, bully
štvorec /shtvo-rets/ m. square
štvrt' /shtvrt'/ f. quarter, district
štvrtok /shtvr-tok/ m. Thursday
štýl /shteel/ m. style
štyri /shti-ri/ num. four
štyridsat' /shti-rid-sat'/ num. forty
šumiet' /shu-myet'/ v. murmur, rustle
šunka /shun-ka/ f. ham
šupa /shu-pa/ f. peel, skin
švagor /shva-gor/ m. brother-in-law
švagriná /shvag-ri-ná/ f. sister-in-law
švihat' /shvi-hat'/ v. lash

T

tabak /ta-bak/ m. tobacco
tableta /ta-ble-ta/ f. tablet, pill
tábor /tá-bor/ m. camp
tabuľa /ta-bu-lya/ f. board, sheet,
  window-pane
ťahať /tya-hat'/ v. pull, tug, move
tajný /tay-nee/ adj. secret
tajomstvo /ta-yom-stvo/ n. secret
tak /tak/ adv. so, thus, that
takt /takt/ m. tact, bar, time
taktiež /tak-tyezh/ adv. also
takto /tak-to/ adv. like this, so
taký /ta-kee/ pron. such, like that
tam /tam/ adv. there
tancovať /tan-tso-vat'/ v. dance
tanec /ta-nyets/ m. dance
tanier /ta-nyer/ m. plate
tanierik /ta-nye-rik/ m. saucer
tank /tank/ m. tank
taška /tash-ka/ f. bag, wallet
tatko /tat-ko/ m. dad, daddy
ťava /tya-va/ f. camel
taxa /ta-xa/ f. tax, rate, charge
taxi /ta-xi/ n. cab, taxi
taxikár /ta-xi-kár/ m. taxi-driver

t'ažký /tyash-kee/ adj. heavy, difficult, hard

teda /te-da/ adv. then, so

tehla /tyeh-la/ f. brick

tehotná /tye-hot-ná/ adj. pregnant

technický /tyekh-nyits-kee/ adj. technical

tekutina /tye-ku-tyi-na/ f. liquid, fluid

tel'a /tye-lya/ n. calf

tel'ací /tye-lya-tsee/ adj. veal

telefón /tye-le-fón/ m. telephone

telefonovat' /tye-le-fo-no-vat'/ v. phone, call, ring up

telegram /tye-le-gram/ m. telegram, cable

televízia /tye-le-vee-zi-ya/ f. TV, television

telo /tye-lo/ n. body

telocvik /tye-lo-tsvik/ m. physical education

temer /te-mer/ adv. almost, nearly

tempo /tyem-po/ n. pace, rate, beat

ten, tá, to /ten, tá, to/ m. f. n. pron. the, that

tenis /te-nyis/ m. tennis

tenký /tyen-kee/ adj. thin

tento /ten-to/ pron. this, that, the latter

tep /tyep/ m. pulse, beat

teplo /tyep-lo/ n. warmth, heat
teplomer /tyep-lo-mer/ m. thermometer
teplota /tyep-lo-ta/ f. temperature
teplý /tyep-lee/ adj. warm
terajší /te-ray-shee/ adj. present
teraz /te-ras/ adv. now, at the present
termín /tyer-meen/ m. term, deadline
tesár /tye-sár/ m. carpenter
tesný /tyes-nee/ adj. tight, close
tešiť'/sa/ /tye-shiť'sa/ v. enjoy, look
  forward to, please
teta /tye-ta/ f. aunt
tiecť' /tyetsť'/ v. flow, run, leak
tieň /tyeň/ m. shadow, shade
tiež /tyezh/ adv. also, too
tiger /ti-ger/ m. tiger
ticho /tyi-kho/ n. silence, quiet
tichý /tyi-khee/ adj. quiet, silent
tisíc /tyi-seets/ num. thousand
titul /ti-tul/ m. title
tkať' /tkať'/ v. weave
tlač /tlach/ f. print, press
tlačiť' /tla-chiť'/ v. push, press,print
tlak /tlak/ m. pressure, stress
tĺcť' /tltsť'/ v. beat, slap, knock
tlieskať' /tlyes-kať'/ v. applaud, clap
tlmočiť' /tl-mo-chiť'/ v. interpret

tlstý /tls-tee/ adj. thick, fat, stout
tma /tma/ f. dark, darkness
tmavý /tma-vee/ adj. dark
to /to/ pron. it, that
toaleta /to-a-le-ta/ f. toilet, lavatory
točiť /to-chit'/ v. turn, wind, roll,
  spin, shoot
tol'ko /tol'-ko/ adv. so much, so many
tón /tón/ m. tone
topánka /to-pán-ka/ f. shoe, boot
topiť /sa/ /to-pit'sa/ v. thaw, melt,
  be drowning
topol' /to-pol'/ m. poplar
torta /tor-ta/ f. cake, tart
totiž /to-tyizh/ adv. namely
totožnosť /to-tozh-nost'/ f. identity
tovar /to-var/ m. goods
továreň /to-vá-ren^y/ f. factory, plant
trafika /tra-fi-ka/ f. tobacconist's
traktor /trak-tor/ m. tractor
trám /trám/ m. beam
transport /tran-sport/ m. transport
trápenie /trá-pe-nye/ n. worry
trápiť /trá-pit'/ v. trouble, worry,
  bother
trať /trat'/ f. track, line, route
tráva /trá-va/ f. grass

trávit' /trá-vit'/ v. digest, spend,
  poison
trávnik /tráv-nyik/ m. lawn
treba /tre-ba/ adv.conj. if necessary,
  perhaps, though
trénovat' /tré-no-vat'/ v. train, coach
trepat' /tre-pat'/ v. knock, thresh,
  shake
trest /trest/ m. punishment, penalty
trestat' /tres-tat'/ v. punish
trestný /trest-nee/ adj. criminal
trezor /tre-zor/ m. safe
trh /trkh/ m. market, fair
trhat' /tr-hat'/ v. tear, pick, pull
tri /tri/ num. three
triast' /tryast'/ v. shake, shiver
tričko /trich-ko/ n. T-shirt, top, vest
tridsat' /trid-sat'/ num. thirty
trieda /trye-da/ f. class, grade, form,
  avenue
triedit' /trye-dyit'/ v. sort, classify,
  grade
trieska /tryes-ka/ f. splinter, chip
triezvy /tryez-vi/ adj. sober
trinást' /tri-nást'/ num. thirteen
tŕň /trn^y/ m. thorn, prickle
trocha /tro-kha/ adv. a little, a bit,
  some

trojuholník /tro-yu-hol-nyeek/ m. tri-
  angle
trolejbus /tro-ley-bus/ m. trolley bus
trón /trón/ m. throne
trosky /tros-ki/ pl. ruins, wreckage
trpaslík /tr-pas-leek/ m. dwarf, midget
trpezlivý /tr-pez-li-vee/ adj. patient
trpiet' /tr-pyet'/ v. suffer, tolerate
trúba /troo-ba/ f. trumpet, pipe, oven
truhla /truh-la/ f. chest, trunk
trvalý /tr-va-lee/ adj. lasting, per-
  sistent, permanent
trvat' /tr-vat'/ v. last, continue,
  exist, insist on
tržnica /trzh-nyi-tsa/ f. market place
tu /tu/ adv. here
tucet /tu-tset/ m. dozen
tučný /tuch-nee/ adj. fat
tuhý /tu-hee/ adj. tough, stiff, severe
tuk /tuk/ m. fat, grease
t'ukat' /tyu-kat'/ v. tap, knock
tulák /tu-lák/ m. tramp
tulipán /tu-li-pán/ m. tulip
tuná /tu-ná/ adv. here
tunel /tu-nel/ m. tunnel
tupý /tu-pee/ adj. blunt, dull
turista /tu-ris-ta/ m. tourist

tušit'   /tu-shit'/ v. anticipate, suspect
túžit'   /too-zhit'/ v. desire, long for
tužka   /tush-ka/ f. pencil
tvar   /tvar/ m. form, shape
tvár   /tvár/ f. face, cheek
tvaroh   /tva-rokh/ m. curd, cottage-cheese
tvoj   /tvoy/ pron. your, yours
tvor   /tvor/ m. being, creature
tvorit'   /tvo-rit'/ v. create, form, make
tvrdit'   /tvr-dyit'/ v. assert, affirm,
  allege, claim
tvrdohlavý   /tvr-do-hla-vee/ adj. head-
  strong, obstinate, pig-headed
tvrdý   /tvr-dee/ adj. hard
ty   /ti/ pron. you /familiar/
tyč   /tich/ f. bar, pole, rod, stick
týkat' sa   /tee-kat'sa/ v. concern, refer,
  apply /to/ regard
typ   /tip/ m. type
typický   /ti-pits-kee/ adj. typical
týrat'   /tee-rat'/ v. ill-treat, torment
týždeň   /teezh-dyen^y/ m. week

U

u   /u/ prep. at, by, beside, near, with
ublížit'   /u-blee-zhit'/ v. hurt, injure
úbohý   /oo-bo-hee/ adj. poor, miserable

úbytok /oo-bi-tok/ m. decrease

ubytovanie /u-bi-to-va-nye/ n. accommodation

úcta /oots-ta/ f. respect

uctievat' /uts-tye-vat'/ v. worship

účast' /oo-chast'/ f. part, share, attendance, concern, participation

učebňa /u-cheb-nya/ f. classroom

učebnica /u-cheb-nyi-tsa/ f. textbook

účel /oo-chel/ m. purpose

učenie /u-che-nye/ n. teaching, study, apprenticeship

účes /oo-ches/ m. hair-do, hair-style

účet /oo-chet/ m. account, bill, invoice

účinok /oo-chi-nok/ m. effect

učit' /u-chit'/ v. teach, instruct

učit' sa /u-chit'sa/ v. learn, study

učitel' /u-chi-tyel'/ m. teacher

účtovat' /ooch-to-vat'/ v. charge, account

údaj /oo-day/ m. datum, information

udalost' /u-da-lost'/ f. event, happening

udat' /u-dat'/ v. state, tell, denounce, inform

udavač /u-da-vach/ m. informer

údenina /oo-dye-nyi-na/ f. smoked sausage

udivit' /u-dyi-vit'/ v. astonish, amaze

údolie /oo-do-lye/ n. valley

udriet' /u-dryet'/ v. strike, hit, slap
udržat' /u-dr-zhat'/ v. hold, keep, main-
   tain
údržba /oo-drzh-ba/ f. maintenance
úhl'adný /oo-hlyad-nee/ adj. tidy, neat
uhlie /uhlye/ n. coal
uhnút' sa /uh-noot'sa/ v. turn aside,
   swerve
uhorka /u-hor-ka/ f. cucumber
ucho /u-kho/ n. ear, handle, eye /needle/
uistit' /u-yis-tyit'/ v. assure
ujat' sa /u-yat'sa/ v. take care of,
   take charge
ujst' /uyst'/ v. escape, miss
ukázat' /u-ká-zat'/ v. show, point,
   indicate
ukážka /u-kázh-ka/ f. sample, specimen
uklonit' sa /u-klo-nyit'sa/ v. bow
úkol /oo-kol/ m. task, homework
ukryt' /u-krit'/ v. shelter, hide,conceal
úl'ava /oo-lya-va/ f. relief
ulica /u-li-tsa/ f. street
ulička /u-lich-ka/ f. alley, lane,aisle
úloha /oo-lo-ha/ f. task, work, exercise,
   part, role
uložit' /u-lo-zhit'/ v. lay, put, deposit
umelec /u-me-lets/ m. artist

umelecký /u-me-lets-kee/ adj. artistic
umelý /u-me-lee/ adj. artificial, plastic
umenie /u-me-nye/ n. art
umiernený /u-myer-nye-nee/ adj. moderate
umiestit' /u-myes-tyit'/ v. place, situate
umožnit' /u-mozh-nyit'/ v. enable
umriet' /u-mryet'/ v. die
úmrtie /oo-mr-tye/ n. death
úmysel /oo-mi-sel/ m. intention
umyt' /sa/ /u-mit'sa/ v. wash, wash up
umývadlo /u-mee-vad-lo/ n. wash-basin
umyváreň /u-mi-vá-ren^y/ f. washroom,
   lavatory
únava /oo-na-va/ f. fatigue
unavený /u-na-ve-nee/ adj. tired
uniest' /u-nyest'/ v. kidnap, carry
únik /oo-nyik/ m. escape
univerzita /u-nyi-ver-zi-ta/ f. college,
   university
úpadok /oo-pa-dok/ m. failure, decline,
   bankruptcy
úpal /oo-pal/ m. sunstroke
upevnit' /u-pev-nyit'/ v. fasten, fix,
   strengthen
úplatok /oo-pla-tok/ m. bribe
úplne /oo-pl-nye/ adv. fully, completely
úplný /oo-pl-nee/ adj. complete, entire,
   total, absolute

upomínat' /u-po-mee-nat'/ v. remind
upozornenie /u-po-zor-nye-nye/ n. notice,
  warning
upratat' /u-pra-tat'/ v. tidy up, clean
upravit' /u-pra-vit'/ v. arrange, adjust,
  fix, tidy up, trim
úprimný /oo-prim-nee/ adj. sincere, frank
uprostred /u-pro-stret/ adv. in the mid-
  dle, amidst
upustit' /u-pus-tyit'/ v. drop, give up
úrad /oo-rat/ m. office, authority
úradník /oo-rad-nyeek/ m. official,clerk
úradný /oo-rad-nee/ adj. official
úraz /oo-ras/ m. accident, injury
urazit' /u-ra-zit'/ v. knock off, insult,
  offend
urážka /u-rásh-ka/ f. insult, offence
určit' /ur-chit'/ v. determine, appoint
určite /ur-chi-tye/ adv. certainly,surely
určitý /ur-chi-tee/ adj. certain, de-
  finite, specific
urobit' /u-ro-bit'/ v. make, do, produce
úroda /oo-ro-da/ f. crop, harvest
úrodný /oo-rod-nee/ adj. fertile
úrok /oo-rok/ m. interest
úroveň /oo-ro-ven^y/ f. level, standard
usadit' sa /u-sa-dyit'sa/ v. take a seat,
  settle down

úsek /oo-sek/ m. section, segment

úschova /oo-skho-va/ f. safekeeping,
  deposit, custody

úschovňa /oo-skhov-nya/ f. left-luggage

úsilie /oo-si-lye/ n. effort, endeavor

uskladniť /u-sklad-nyit'/ v. store

uskutočniť /u-sku-toch-nyit'/ v. realize,
  materialize, come true

úsmev /oos-mef/ m. smile

usmievať sa /us-mye-vat'sa/ v. smile

úspech /oo-spekh/ m. success, achievement

úspešný /oo-spesh-nee/ adj. successful

uspokojiť /us-po-ko-yit'/ v. satisfy

úspora /oo-spo-ra/ f. saving

usporiadať /u-spo-rya-dat'/ v. arrange,
  put in order, organize

ústa /oo-sta/ pl. mouth

ustanoviť /u-sta-no-vit'/ v. appoint,
  determine, order, provide

ustať /us-tat'/ v. be tired, stop

ustatý /us-ta-tee/ adj. tired, weary

ústav /oo-staf/ m. institute

ústava /oo-sta-va/ f. constitution

ustlať /us-tlat'/ v. make the bed

ústredie /oo-stre-dye/ n. headquartes

ústredný /oo-stred-nee/ adj. central

ústup /oo-stup/ m. retreat

úsudok /oo-su-dok/ m. judgment, opinion

útecha /oo-tye-kha/ f. comfort, consola-
tion

útek /oo-tyek/ m. flight, escape

utekat' /u-tye-kat'/ v. run, run away

uterák /u-tye-rák/ m. towel

utierat' /u-tye-rat'/ v. wipe, dry

útlak /oo-tlak/ m. oppression

útly /oot-li/ adj. frail

útočište /oo-to-chish-tye/ n. refuge

útočit' /oo-to-chit'/ v. attack

útok /oo-tok/ m. attack, aggression

utorok /u-to-rok/ m. Tuesday

utratit' /u-tra-tyit'/ v. spend /money/

utrpenie /u-tr-pe-nye/ n. suffering

útulný /oo-tul-nee/ adj. cosy

útulok /oo-tu-lok/ m. shelter

uvádzat' /u-vád-zat'/ v. state, usher,
set out, introduce, put on

úvaha /oo-va-ha/ f. consideration, ac-
count

uvažovat' /u-va-zho-vat'/ v. consider,
think over, meditate

uvedomit' si /u-ve-do-mit'si/ v. realize

úver /oo-ver/ m. credit

uvítanie /u-vee-ta-nye/ n. welcome

úvod /oo-vot/ m. introduction, preface

uvol'nit' /u-vol'-nyit'/ v. loosen, relax,
  release

uzdravit' /sa/ /u-zdra-vit'sa/ v. cure,
  get well, recover

územie /oo-ze-mye/ n. territory

úzkost' /oos-kost'/ f. anxiety

úzky /oos-ki/ adj. narrow, tight

uznat' /u-znat'/ v. acknowledge, admit,
  recognize

uzol /u-zol/ m. knot

už /ush/ adv. already, now

úžasný /oo-zhas-nee/ adj. amazing, won-
  derful, astonishing

užit' /u-zhit'/ v. use, take, enjoy

užitočný /u-zhi-toch-nee/ adj. useful

úžitok /oo-zhi-tok/ m. use, profit, bene-
  fit, gain

uživit' /u-zhi-vit'/ v. feed, maintain,
  keep up

V

v, vo /v, vo/ prep. in, at, into, on

vagón /va-gón/ m. wagon, car, truck

váha /vá-ha/ f. weight, scales, balance

váhat' /vá-hat'/ v. hesitate

vajce /vay-tse/ n. egg

vál'at' /sa/ /vá-lyat'sa/ v. roll, lounge,
  knead
valčík /val-cheek/ m. waltz
valuty /va-lu-ti/ pl. foreign exchange
vaňa /va-nya/ f. /bath/tub
vankúš /van-koosh/ m. pillow, cushion
vari /va-ri/ adv. maybe, perhaps
varič /va-rich/ m. cooker
varit' /va-rit'/ v. cook, boil, make
varovat' /va-ro-vat'/ v. warn, caution,
  take care, look after
váš /vásh/ pron. your, yours
vášeň /vá-shen^y/ f. passion
vata /va-ta/ f. cotton wool
váza /vá-za/ f. vase
vážit'/si/ /vá-zhit'si/ v. weigh, regard,
  respect, appreciate
vážne /vázh-nye/ adv. seriously
vážny /vázh-ni/ adj. serious, earnest
väčšina /vaech-shi-na/ f. majority, most
vädnút' /vaed-noot'/ v. fade, wither
väzeň /vae-zen^y/ m. prisoner
väzenie /vae-ze-nye/ n. prison, jail
včas /fchas/ adv. in time, on time
včela /fche-la/ f. /honey/bee
včera /fche-ra/ adv. yesterday
včítane /fchee-ta-nye/ adv. including

vd'ačný /vdyach-nee/ adj. grateful

vd'aka /vdya-ka/ f. thanks

vdova /vdo-va/ f. widow

vdovec /vdo-vets/ m. widower

vec /vets/ f. thing, matter, cause

večer /ve-cher/ m. evening

večera /ve-che-ra/ f. dinner, supper

večerat' /ve-che-rat'/ v. have supper, dine

večerný /ve-cher-nee/ adj. evening

večierok /ve-chye-rok/ m. /evening/party

večnost' /vech-nost'/ f. eternity

ved' /ved'/ adv. indeed, well

veda /ve-da/ f. science

vedec /ve-dyets/ m. scientist, scholar

vedenie /ve-dye-nye/ n. lead, leadership,
  management, knowledge, /electric/circuit

vediet' /ve-dyet'/ v. know

vedl'a /ved-lya/ prep. beside, next to,
  in addition to

vedl'ajší /ved-lyay-shee/ adj. adjacent,
  next, secondary

vedno /ved-no/ adv. together

vedomie /ve-do-mye/ n. consciousness

vedomost' /ve-do-most'/ f. knowledge

vedúci /ve-doo-tsi/ adj. leading, head-,
  m. manager, chief, boss

vek /vek/ m. age, era

veko /ve-ko/ n. lid, cover
vel'a /ve-lya/ adv. much, many, very
velit' /ve-lit'/ v. command
velitel' /ve-li-tyel'/ m. commander
vel'kost' /vel'-kost'/ f. greatness,size
vel'ký /vel'-kee/ adj. large, big,great
vel'mi /vel'-mi/ adv. very, much, most,
  greatly, a lot
vel'ryba /vel'-ri-ba/ f. whale
vel'trh /vel'-trkh/ m. fair, exhibition
vel'vyslanectvo /vel'-vi-sla-nyets-tvo/ n.
  embassy
veniec /ve-nyets/ m. wreath
veno /ve-no/ n. dowry
venovat' /ve-no-vat'/ v. devote, dedicate
verejný /ve-rey-nee/ adj. public
verit' /ve-rit'/ v. believe, trust
verný /ver-nee/ adj. faithful, loyal
verš /versh/ m. verse, line
veru /ve-ru/ adv. truly
veselý /ve-se-lee/ adj. merry, jolly, gay
veslo /ves-lo/ n. oar
veslovat' /ves-lo-vat'/ v. row
vesmír /ves-meer/ m. universe, cosmos
vesta /ves-ta/ f. vest, waistcoat
vešat' /ve-shat'/ v. hang/up/
vešiak /ve-shyak/ m. rack, peg, stand

veta /ve-ta/ f. sentence

vetrat' /vet-rat'/ v. air, ventilate

vetva /vet-va/ f. branch, twig

veverica /ve-ve-ri-tsa/ f. squirrel

veža /ve-zha/ f. tower

vhodný /vhod-nee/ adj. suitable, suited, convenient

vchod /fkhot/ m. entrance, entry

viac /vyats/ adv. more

Vianoce /vya-no-tse/ pl. Christmas

viazanka /vya-zan-ka/ f. /neck/tie

viazat' /vya-zat'/ v. bind, tie

viaznutie /vyaz-nu-tye/ n. stagnation

vidiek /vi-dyek/ m. country/side/

vidiet' /vi-dyet'/ v. see

viditel'nost' /vi-dyi-tyel'-nost'/ f. visibility

vidlička /vi-dlich-ka/ f. fork

viera /vye-ra/ f. belief, faith

viest' /vyest'/ v. lead, guide, keep, conduct, run

vietor /vye-tor/ m. wind

viezt' /vyest'/ v. carry, drive

vila /vi-la/ f. villa, family house

víla /vee-la/ f. fairy

vina /vi-na/ f. guilt, fault, blame

vináreň /vi-ná-ren^y/ f. wine cellar

vinit' /vi-nyit'/ v. blame, accuse
vinný /vi-nee/ adj. guilty
vínny /vee-ni/ adj. wine /barrel/
víno /vee-no/ n. wine
visiet' /vi-syet'/ v. hang
višňa /vish-nya/ f. black cherry
vitamín /vi-ta-meen/ m. vitamin
vítat' /vee-tat'/ v. welcome
vít'azit' /vee-tya-zit'/ v. win, conquer
vít'azstvo /vee-tyas-tvo/ n. victory
vízum /vee-zum/ n. visa
vjazd /vyast/ m. gateway, entrance,
   driveway
vklad /fklat/ m. deposit
vkus /fkus/ m. taste
vláda /vlá-da/ f. government, administra-
   tion, rule, control
vládat' /vlá-dat'/ v. be able, manage
vládnut' /vlád-nut'/ v. govern, rule,
   reign, dominate
vlajka /vlay-ka/ f. flag
vlak /vlak/ m. train
vlákno /vlák-no/ n. fibre, thread
vlamač /vla-mach/ m. burglar
vlámat' sa /vlá-mat'sa/ v. break in,
   burgle
vlani /vla-nyi/ adv. last year

vlas /vlas/ m. hair
vlast' /vlast'/ f. home country
vlastenec /vla-stye-nyets/ m. patriot
vlastne /vlast-nye/ adv. in fact
vlastnit' /vlast-nyit'/ v. own, posses
vlastnost' /vlast-nost'/ f. quality,
  characteristic
vlastný /vlast-nee/ adj. own, proper
vl'avo /vlya-vo/ adv. to/on the left
vlhkost' /vlkh-kost'/ f. moisture, damp,
  humidity
vliect' /vlyetst'/ v. drag, tow, haul
vlk /vlk/ m. wolf
vlna /vl-na/ f. wool, wave
vločka /vloch-ka/ f. flake
vložit' /vlo-zhit'/ v. put in, insert,
  deposit, invest
vložka /vlosh-ka/ f. enclosure, insert,
  inset, pad, refill
vl'údny /vlyood-ni/ adj. kind, friendly
vniknút' /vnyik-noot'/ v. penetrate
vnímat' /vnyee-mat'/ v. perceive, take in
vnučka /vnuch-ka/ f. grand-daughter
vnuk /vnuk/ m. grand-son
vnútorný /vnoo-tor-nee/ adj. inner, in-
  side, internal
voda /vo-da/ f. water

vodca /vod-tsa/ m. leader, guide
vodič /vo-dyich/ m. leader, driver
vodný /vod-nee/ adj. water
vodorovný /vo-do-rov-nee/ adj. horizontal
vodovod /vo-do-vot/ m. water-supply,-tap
vojak /vo-yak/ m. soldier
vojenský /vo-yen-skee/ adj. military
vojna /voy-na/ f. war, military service
vojsko /voy-sko/ n. army, troops
voľačo /vo-lya-cho/ pron. something
voľajaký /vo-lya-ya-kee/ pron. some
volant /vo-lant/ m. steering wheel
volať /vo-lat'/ v. call, shout
voľba /vol'-ba/ f. choice, option,
  election
voliť /vo-lit'/ v. choose, vote, elect
voľno /vol'-no/ n. free time, leisure
voľný /vol'-nee/ adj. free, loose,vacant
von /von/ adv. out, outside
voňavka /vo-nyaf-ka/ f. perfume, scent
vonkajší /von-kay-shee/ adj. outside,
  external
vonkoncom /von-kon-tsom/ adv. entirely
vosk /vosk/ m. wax
voš /vosh/ f. louse
voz /vos/ m. car, carriage
vozidlo /vo-zid-lo/ n. vehicle

vobec /vó-bets/ adv. in general, at all
vôl /vól/ m. ox
vôľa /vó-la/ f. will
voňa /vó-nya/ f. scent, smell, odor
vpád /fpát/ m. invasion
vplyv /fplíf/ m. influence
vpravo /fpra-vo/ adv. to/on the right
vpredu /fpre-du/ adv. in front, ahead
vrabec /vra-bets/ m. sparrow
vracať /vra-tsať/ v. return, give back,
  come back, vomit
vrah /vrakh/ m. murderer
vraj /vray/ part. they say, it is said
vrana /vra-na/ f. crow
vráska /vrás-ka/ f. wrinkle
vráta /vrá-ta/ pl. gate
vrátnik /vrát-nyik/ m. doorman, porter
vraziť /vra-ziť/ v. thrust, bump, knock
vražda /vrazh-da/ f. murder
vrece /vre-tse/ n. sack, bag
vrecko /vrets-ko/ n. small bag, pocket
vred /vret/ m. ulcer
vrch /vrkh/ m. hill
vrchný /vrkh-nee/ adj. top, upper
vrstva /vrst-va/ f. layer, section
vŕtať /vr-tať/ v. drill, bore
vsadiť /fsa-dyiť/ v. put in, fix, plant,
  bet on, stake

vstat' /fstat'/ v. get up, stand up, rise

vstup /fstup/ m. entrance, admittance, admission

vstupenka /fstu-pen-ka/ f. ticket

vstúpit' /fstoo-pit'/ v. enter, come in

všade /fsha-de/ adv. everywhere, all over

však /fshak/ conj. however, but, isn't it?

všedný /fshed-nee/ adj. ordinary, weekday

všeobecný /fshe-o-bets-nee/ adj. general

všímat' si /fshee-mat'si/ v. notice

vták /fták/ m. bird

vtedy /fte-di/ adv. then, at that time

vtip /ftyip/ m. joke, wit

vy /vi/ pron. you /not familiar/

vybalit' /vi-ba-lit'/ v. unpack

vybavenie /vi-ba-ve-nye/ n. equipment

výber /vee-ber/ m. selection, choice

výbor /vee-bor/ m. committee, board

výborný /vee-bor-nee/ adj. excellent

vybrat' /vi-brat'/ v. choose, select, collect, withdraw

výbuch /vee-bukh/ m. explosion, outburst

vyčerpaný /vi-cher-pa-nee/ adj. exhausted

vyčítat' /vi-chee-tat'/ v. reproach, nag, read out, guess

výdaj /vee-day/ m. expense

vydat' /vi-dat'/ v. give out, spend, publish, marry

vydierat' /vi-dye-rat'/ v. blackmail

vydržat' /vi-dr-zhat'/ v. bear, stand, hold out, endure, last

výfuk /vee-fuk/ m. exhaust

výhl'ad /vee-hlyat/ m. view, outlook

vyhlásit' /vi-hlá-sit'/ v. declare, proclaim

vyhláška /vi-hlásh-ka/ f. notice

vyhnanstvo /vi-hnan-stvo/ n. exile

vyhnat' /vi-hnat'/ v. expel, turn out

vyhnút' /vi-hnoot'/ v. avoid, evade

výhoda /vee-ho-da/ f. advantage

vyhodit' /vi-ho-dyit'/ v. throw out, toss, sack, fire

vyhovárat' sa /vi-ho-vá-rat'sa/ v. make an excuse

vyhoviet' /vi-ho-vyet'/ v. comply, accommodate, satisfy

vyhovujúci /vi-ho-vu-yoo-tsi/ adj. suitable, convenient

výhra /vee-hra/ f. winning, prize

vyhradit' /vi-hra-dyit'/ v. reserve

vyhrat' /vi-hrat'/ v. win, gain

vyhrážat' sa /vi-hrá-zhat'sa/ v. threaten

vychádzat' /vi-khád-zat'/ v. go out, come out, rise, get out, appear

vychádzka /vi-khád-ska/ f. walk, drive

východ /vee-khot/ m. east, exit, sunrise

východný /vee-khod-nee/ adj. east/ern/

výchova /vee-kho-va/ f. education, up-
  bringing

vychovaný /vi-kho-va-nee/ adj. well-
  mannered

vychovať /vi-kho-vať/ v. bring up, breed,
  educate

vyjadriť /vi-yad-riť/ v. express

výjazd /vee-yast/ m. gateway

vyjednávať /vi-yed-ná-vať/ v. deal,
  negotiate

výklad /vee-klat/ m. explanation, inter-
  pretation, window-display

vykonať /vi-ko-nať/ v. execute, perform,
  carry out, aocomplish

výkonný /vee-ko-nee/ adj. efficient

vykopávka /vi-ko-páf-ka/ f. excavation

vykúpať sa /vi-koo-paťsa/ v. have a
  bath, bathe

výkupné /vee-kup-né/ n. ransom

výlet /vee-let/ m. trip, excursion

vyložiť /vi-lo-zhiť/ v. unload, explain,
  display

vylúčiť /vi-loo-chiť/ v. expel, exclude,

výmena /vee-me-na/ f. exchange, swap

vymeniť /vi-me-nyiť/ v. exchange, trade
  swap, convert

vymoženosť /vi-mo-zhe-nosť/ f. achievement

vynájsť /vi-náysť/ v. invent

vynález /vi-ná-les/ m. invention

vynechať /vi-nye-khať/ v. leave out, omit

vynikajúci /vi-nyi-ka-yoo-tsi/ adj. excellent, outstanding

výnimka /vee-nyim-ka/ f. exception

výnosný /vee-nos-nee/ adj. profitable, lucrative

vypariť /sa/ /vi-pa-riť'sa/ v. evaporate

vypátrať /vi-pát-rať/ v. detect, find out, explore

vypínač /vi-pee-nach/ m. switch

vypínať /vi-pee-nať/ v. switch off, turn off

vypiť /vi-piť/ v. drink up

výplata /vee-pla-ta/ f. payment, salary

vyplatiť sa /vi-pla-tyiť'sa/ v. pay off

vyplniť /vi-pl-nyiť/ v. fill up/in, fulfil

výpoveď /vee-po-veť/ f. statement, testimony, notice

výprava /vee-pra-va/ f. expedition, excursion, scenery, setting

vyprávať /vi-prá-vať/ v. narrate, tell

vyprázdniť /vi-prázd-nyiť/ v. empty, drain, vacate

výpredaj /vee-pre-day/ m. sale

vyrábat' /vi-rá-bat'/ v. make, produce, manufacture

výraz /vee-ras/ m. expression

vyrazit' /vi-ra-zit'/ v. knock out, shoot, set out, dart

vyrážka /vi-rásh-ka/ f. rash

výroba /vee-ro-ba/ f. production

výrobok /vee-ro-bok/ m. product, produce

výročie /vee-ro-chye/ n. anniversary

vyrušovat' /vi-ru-sho-vat'/ v. disturb

vysávač /vi-sá-vach/ m. vacuum cleaner

vysielanie /vi-sye-la-nye/ n. broadcasting, transmission

výskum /vees-kum/ m. research

vyslanec /vi-sla-nyets/ m. minister

vyslanectvo /vi-sla-nyets-tvo/ n. legation

výsledok /vee-sle-dok/ m. result, outcome

výslovnost' /vee-slov-nost'/ f. pronunciation

vyslúchat' /vi-sloo-khat'/ v. question, examine, interrogate

vysoký /vi-so-kee/ adj. high, tall

vyspelý /vi-spe-lee/ adj. mature

vyst'ahovat' /vi-stya-ho-vat'/ v. move out, emigrate, evict

výstava /vee-sta-va/ f. exhibition

výstraha /vee-stra-ha/ f. warning

výstredný /vee-stred-nee/ adj. eccentric

výstrel /vee-strel/ m. shot

vystúpiť /vi-stoo-piť/ v. get out/off, mount, rise, stand up, perform

vystupovanie /vi-stu-po-va-nye/ n. behavior

vysvedčenie /vi-sved-che-nye/ n. report, certificate

vysvetliť /vi-svet-liť/ v. explain

výše /vee-she/ adv. above, high up

vyšetrovať /vi-shet-ro-vať/ v. examine, probe, look into, investigate

vyšívať /vi-shee-vať/ v. embroider

výška /veesh-ka/ f. heith, altitude

výťah /vee-tyakh/ m. elevator, lift, extract

vytiahnuť /vi-tya-hnuť/ v. pull out, extract

vytrvalý /vi-tr-va-lee/ adj. persistent

výtržnosť /vee-trzh-nosť/ f. riot, disturbance

výtvarny /vee-tvar-nee/ adj. artistic

vyučovanie /vi-u-cho-va-nye/ n. education

vyučovať /vi-u-cho-vať/ v. teach

využiť /vi-u-zhiť/ v. use, take advantage of, take chance

výver /vee-var/ m. broth, stock
vývoj /vee-voy/ m. development, evolution
vývoz /vee-vos/ m. export
vyvrcholenie /vi-vr-kho-le-nye/ n. climax
vývrtka /vee-vrt-ka/ f. corkscrew
výzdoba /vee-zdo-ba/ f. decoration
vyzliecť /vi-zlyetsť/ v. undress, take off
význam /vee-znam/ m. meaning, sense, importance, significance
vyznamenanie /vi-zna-me-na-nye/ n. distinction, honors
významný /vee-znam-nee/ adj. important, significant
výzva /veez-va/ f. challenge
vyzvedač /vi-zve-dach/ m. spy
výživa /vee-zhi-va/ f. nourishment
vzácny /vzáts-ni/ adj. rare, precious
vzadu /vza-du/ adv. behind, at the back
vzájomný /vzá-yom-nee/ adj. mutual
vzdať sa /vzdať sa/ v. surrender, give up, abandon
vzdelanie /vzdye-la-nye/ n. education
vzdialenosť /vzdya-le-nosť/ f. distance
vzdor /vzdor/ m. defiance
vzduch /vzdukh/ m. air
vzhľad /vzhlyat/ m. look, appearance

vziat' /vzyat'/ v. take
vznešený /vznye-she-nee/ adj. noble
vznikat' /vznyi-kat'/ v. rise, origine
vzor /vzor/ m. model, example, pattern,
  design
vzorka /vzor-ka/ f. sample, pattern
vzrušenie /vzru-she-nye/ n. excitement
vzrušit' /vzru-shit'/ v. excite, thrill
vzt'ah /vztyakh/ m. relation/ship/
vždy /vzhdi/ adv. always, all the time

                        Z

z, zo /z, zo/ prep. from, out of, out
za /za/ prep. behind, beyond, after,
  for, during, at, in
zabalit' /za-ba-lit'/ v. pack, wrap up
zábava /zá-ba-va/ f. amusement, enter-
  tainment, party
zabavit' /za-ba-vit'/ v. confiscate,seize
zabavit' sa /za-ba-vit'sa/ v. amuse,
  entertain
zabit' /za-bit'/ v. kill, slay
zablúdit' /za-bloo-dyit'/ v. lose one's
  way, go astray
zábradlie /zá-brad-lye/ n. railing,
  banisters

zabrat'   /za-brat'/ v. occupy, take in/up
zabudnúť' /za-bud-noot'/ v. forget
záclona   /záts-lo-na/ f. curtain
začat'   /za-chat'/ v. begin, start
začiatok   /za-chya-tok/ m. beginning
zadarmo   /za-dar-mo/ adv. free of charge
zadný   /zad-nee/ adj. back, rear, behind
zadok   /za-dok/ m. buttocks
zadovážit' /za-do-vá-zhit'/ v. provide
záhada   /zá-ha-da/ f. mystery, puzzle
zahál'at' /za-há-lyat'/ v. be idle
zahnat'   /za-hnat'/ v. drive away, repel
zahnút'   /za-hnoot'/ v. turn, bend
záhon   /zá-hon/ m. /flower/bed
záhrada   /zá-hra-da/ f. garden, orchard
zahraničie /za-hra-nyi-chye/ n. foreign
  country
záchod   /zá-khot/ m. lavatory, toilet,W.C.
zachovat' /za-kho-vat'/ v. preserve,
  maintain, behave
záchrana   /zá-khra-na/ f. rescue
zachránit' /za-khrá-nyit'/ v. rescue,save
záchvat   /zá-khvat/ m. attack, fit
zaistit'   /za-is-tyit'/ v. secure, ensure
zajac   /za-yats/ m. hare
zájazd   /zá-yast/ m. tour, trip, excursion
zajtra   /zay-tra/ adv. tomorrow

zákaz /zá-kas/ m. ban, prohibition

zakázat' /za-ká-zat'/ v. forbid, prohibit

zákazník /zá-kaz-nyeek/ m. customer

základ /zá-klat/ m. basis, foundation

základný /zá-klad-nee/ adj. basic, fun-
  damental

zákon /zá-kon/ m. law

zakročit' /za-kro-chit'/ v. intervene

zákusok /zá-ku-sok/ m. sweets, dessert

záležat' /zá-le-zhat'/ v. depend, matter

záležitost' /zá-le-zhi-tost'/ f. matter,
  affair, business

záloha /zá-lo-ha/ f. reserve, advance,
  deposit

založit' /za-lo-zhit'/ v. found, establish

zál'uba /zá-lyu-ba/ f. liking, fancy,hobby

zal'úbit' sa /za-lyoo-bit'sa/ v. fall in
  love

zamat /za-mat/ m. velvet

zamenit' /za-me-nyit'/ v. interchange,
  replace, mistake

zamestnanie /za-mest-na-nye/ n. employ-
  ment, occupation, job

zamestnat' /za-mest-nat'/ v. employ, keep
  busy, occupy

zámienka /zá-myen-ka/ f. pretext, excuse

zamietnut' /za-myet-nut'/ v. reject,refuse

zámka /zám-ka/ f. lock
zamknúť /zam-knooť/ v. lock/up/
zámok /zá-mok/ m. castle
zanedbať /za-nyéd-baty/ v. neglect
zaniknúť /za-nyik-nooť/ v. cease
zanovitý /za-no-vi-tee/ adj. obstinate
zaobchádzať /za-ob-khád-zať/ v. treat,
  handle
západ /zá-pat/ m. west, sunset
západný /zá-pad-nee/ adj. west, western
zápach /zá-pakh/ m. bad smell, stink
zapáliť /za-pá-liť/ v. light, set fire
zápalka /zá-pal-ka/ f. /safety/ match
zápas /zá-pas/ m. fight, contest, strug-
  gle, match
zápästie /zá-paes-tye/ n. wrist
zápis /zá-pis/ m. record, entry
zapísať /za-pee-sať/ v. write down,
  record, enter
zápisník /zá-pis-nyeek/ m. notebook
zaplatiť /za-pla-tyiť/ v. pay
zapnúť /zap-nooť/ v. button up, turn on,
  switch on
záporný /zá-por-nee/ adj. negative
zaprieť /zap-ryeť/ v. deny
zarábať /za-rá-bať/ v. earn, make money
zariadiť /za-rya-dyiť/ v. arrange, fix,
  furnish

zármutok /zár-mu-tok/ m. grief, sorrow

zároveň /zá-ro-ven^y/ adv. along with,
  at the same time

zaručit' /za-ru-chit'/ v. warrant,
  guarantee

záruka /zá-ru-ka/ f. guarantee, warranty,
  assurance

zásada /zá-sa-da/ f. principle

zasadanie /za-sa-da-nye/ n. session,
  meeting

zasadit' /za-sa-dyit'/ v. plant, put in

zásah /zá-sakh/ m. hit, intervention

zasiahnut' /za-sya-hnut'/ v. hit, inter-
  fere, intervene

zaslúžit' /za-sloo-zhit'/ v. deserve

zasnúbit' sa /za-snoo-bit'sa/ v. get
  engaged

zásoba /zá-so-ba/ f. reserve, supply,
  stock

zásobovat' /zá-so-bo-vat'/ v. supply

zaspat' /za-spat'/ v. oversleep

zastavit' /za-sta-vit'/ v. stop, cease,
  turn off, pawn

zastávka /za-stáf-ka/ f. stop

zástera /zá-stye-ra/ f. apron

zástrčka /zá-strch-ka/ f. plug

zástup /zá-stup/ m. crowd

zástupca /zá-stup-tsa/ m. representative,
  delegate, agent
zastúpiť /za-stoo-piť/ v. represent,
  substitute
zásuvka /zá-suf-ka/ f. drawer, socket
zásyp /zá-sip/ m. talcum powder
zať /zat'/ m. son-in-law
zatáčka /za-tách-ka/ f. bend, curve
zatiaľ /za-tyaľ/ adv. meanwhile, while
zátka /zát-ka/ f. stopper, cork
zatknúť /zat-knoot'/ v. arrest, seize
zatvoriť /za-tvo-riť/ v. shut, close
záujem /zá-u-yem/ m. interest
zaujímať /za-u-yee-mat'/ v. occupy,
  take, interest
zaujímavý /za-u-yee-ma-vee/ adj. in-
  teresting
závada /zá-va-da/ f. defect, trouble
zavadzať /za-vad-zat'/ v. be in the way
zavádzať /za-vád-zat'/ v. introduce,
  install, deceive
závažie /zá-va-zhye/ n. weight
záväzok /zá-vae-zok/ m. pledge, commitment
zavčas /za-fchas/ adv. early, soon
záver /zá-ver/ m. finish, conclusion
zaviazať /za-vya-zat'/ v. bind, tie,
  oblige, engage

závidieť' /zá-vi-dyeť'/ v. envy

zaviesť' /za-vyesť'/ v. lead, take, in-
  stall, introduce

závin /zá-vin/ m. apple strudel

zavinit' /za-vi-nyiť'/ v. cause, be
  guilty of

závisieť' /zá-vi-syeť'/ v. depend

závislý /zá-vis-lee/ adj. dependent

závod /zá-vot/ m. race, contest, plant,
  establishment

závoj /zá-voy/ m. veil

záznam /zá-znam/ m. record, registry

zázrak /zá-zrak/ m. miracle

zbabelec /zba-be-lets/ m. coward

zbaviť' /zba-viť'/ v. deprive, relieve of

zbierať' /zbye-rať'/ v. gather, collect,
  pick

zbohom /zbo-hom/ int. good-bye

zbraň /zbran^y/ f. weapon, gun

zbytočný /zbi-toch-nee/ adj. useless, un-
  necessary

zdať' sa /zdať'sa/ v. seem, appear, dream

zdokonaliť' /zdo-ko-na-liť'/ v. improve

zdôrazniť' /zdó-raz-nyiť'/ v. emphasize,
  stress

zdravie /zdra-vye/ n. health

zdravý /zdra-vee/ adj. healthy, sound

zdroj /zdroy/ m. source
zdržat' /zdr-zhat'/ v. detain, delay
zdvorilý /zdvo-ri-lee/ adj. polite
zelenina /ze-le-nyi-na/ f. vegetables
zelený /ze-le-nee/ adj. green
zeler /ze-ler/ m. celery
zem /zem/ f. country, land, ground, earth
zemepis /ze-me-pis/ m. geography
zemetrasenie /ze-me-tra-se-nye/ n. earth-
  quake
zemiak /ze-myak/ m. potato
zháňat' /zhá-nyat'/ v. look for, hunt for
zhasnút' /zhas-noot'/ v. go out, switch
  off, turn off
zhoda /zho-da/ f. agreement, unity, co-
  incidence
zhoršit' /zhor-shit'/ v. deteriorate
zhrnutie /zhr-nu-tye/ n. summary
zhromaždenie /zhro-mazh-dye-nye/ n.
  gathering, meeting, assembly
zima /zi-ma/ f. winter, cold
zips /zips/ m. zipper, zip
zisk /zisk/ m. profit, gain
získat' /zees-kat'/ v. obtain, gain, win
zíst' sa /zeest'sa/ v. meet, come to-
  gether, suit
zistit' /zis-tyit'/ v. find out, discover

zívat' /zee-vat'/ v. yawn

zjav /zyaf/ m. appearance, phenomenon

zjazd /zyast/ m. congress, convention

zjednotit' /zyed-no-tyit'/ v. unite

zlato /zla-to/ n. gold

zl'ava /zlya-va/ f. reduction, deduction

zle /zle/ adv. wrong

zlepšit' /zlep-shit'/ v. improve

zlo /zlo/ n. evil, wrong, ill

zločin /zlo-chin/ m. crime

zločinec /zlo-chi-nyets/ m. criminal

zlodej /zlo-dyey/ m. thief

zlomit' /zlo-mit'/ v. break

zlost' /zlost'/ f. anger

zložit' /zlo-zhit'/ v. fold, deposit

zložitý /zlo-zhi-tee/ adj. complicated

zlý /zlee/ adj. bad, evil, vicious

zmätený /zmae-tye-nee/ adj. confused

zmätok /zmae-tok/ m. confusion, mess

zmena /zme-na/ f. change, alteration

zmenit' /zme-nyit'/ v. change, alter

zmenšit' /zmen-shit'/ v. decrease,diminish

zmes /zmes/ f. mixture, compound

zmeškat' /zmesh-kat'/ v. miss

zmeták /zme-ták/ m. broom, sweeper

zmienit' sa /zmye-nyit'sa/ v. mention,
  refer

zmierit' sa /zmye-rit'sa/ v. reconcile
zmiznúť /zmiz-noot'/ v. disappear, vanish
zmluva /zmlu-va/ f. contract, treaty
zmrazený /zmra-ze-nee/ adj. frozen
zmrzlina /zmrz-li-na/ f. ice/cream/
zmrznúť /zmrz-noot'/ v. freeze
zmysel /zmi-sel/ m. sense
značka /znach-ka/ f. sign, mark, brand
znak /znak/ m. sign, mark, symbol
znalosť /zna-losť/ f. knowledge
znamenať /zna-me-nať/ v. mean, stand for
znamenie /zna-me-nye/ n. sign, signal
známka /znám-ka/ f. stamp, sign, mark
známy /zná-mi/ adj. well-known,familiar,
  m. friend, acquaintance
znárodniť /zná-rod-nyiť/ v. nationalize
znásilniť /zná-sil-nyiť/ v. rape,violate
znášanlivý /zná-shan-li-vee/ adj. tolerant
znášať /zná-shať/ v. lay, suffer, bear,
  tolerate
znať /znať/ v. know
zneužiť /zne-u-zhiť/ v. abuse
zničiť /znyi-chiť/ v. destroy, damage
znieť /znyeť/ v. sound, ring
znížiť /znyee-zhiť/ v. lower, bring
  down, reduce, humiliate
znova /zno-va/ adv. again, once more

zobák /zo-bák/ m. beak, bill
zobrat' /zo-brat'/ v. pick up, take up
zobudit' /sa/ /zo-bu-dyit'sa/ v. wake up
zodpovedný /zod-po-ved-nee/ adj. responsible
zostat' /zos-tat'/ v. stay, remain
zostup /zos-tup/ m. descent
zošit /zo-shit/ m. text-book
zotavit' sa /zo-ta-vit'sa/ v. recover
zoznam /zoz-nam/ m. list, directory
zoznámit' /zoz-ná-mit'/ v. acquaint, get
  acquainted, introduce
zrada /zra-da/ f. betrayal, treason,
  treachery
zradca /zrad-tsa/ m. traitor
zrak /zrak/ m. sight, vision
zranit' /zra-nyit'/ v. injure, hurt,wound
zrazit' sa /zra-zit'sa/ v. crash, collide,
  shrink
zrazu /zra-zu/ adv. suddenly
zrážka /zrásh-ka/ f. accident, collision,
  discount
zrelý /zre-lee/ adj. ripe, mature
zretel' /zre-tyel'/ m. regard, respect
zriadit' /zrya-dyit'/ v. establish, set
  up, institute
zriedka /zryet-ka/ adv. seldom, rarely

zrkadlo /zr-kad-lo/ n. mirror

zrno /zr-no/ n. grain, corn

zrovnat' /zrov-nat'/ v. level, plane

zrozumitel'ný /zro-zu-mi-tyel'nee/ adj.
  intelligible, understandible

zrúcanina /zroo-tsa-nyi-na/ f. ruin

zrušit' /zru-shit'/ v. abolish, cancel

zrýchlit' /zreekh-lit'/ v. accelerate,
  speed up, quicken

zub /zup/ m. tooth

zúčastnit' sa /zoo-chast-nyit'sa/ v.
  participate, take part in

zúfalý /zoo-fa-lee/ adj. desperate

zunovat' /zu-no-vat'/ v. tire of, bore

zúrivý /zoo-ri-vee/ adj. furious

zvada /zva-da/ f. quarrel, brawl

zväčša /zvaech-sha/ adv. mostly

zväčšit' /zvaech-shit'/ v. increase, en-
  large

zväzok /zvae-zok/ m. union, tie, bond,
  bunch, volume

zvedavý /zve-da-vee/ adj. curious

zverina /zve-ri-na/ f. game, venison

zverit' /zve-rit'/ v. confide, entrust

zviazat' /zvya-zat'/ v. tie, bind

zviera /zvye-ra/ n. animal, beast

zviest' /zvyest'/ v. seduce

zvislý /zvis-lee/ adj. vertical, upright
zvládnut' /zvlád-nut'/ v. cope, manage
zvlášt' /zvlásht'/ adv. particularly,
  especially, extra
zvláštny /zvlásh-tni/ adj. particular,
  special, separate, extra, strange
zvon /zvon/ m. bell
zvonit' /zvo-nyit'/ v. ring
zvracat' /zvra-tsat'/ v. vomit
zvuk /zvuk/ m. sound
zvyk /zvik/ m. habit, custom, routine
zvyknút' si /zvik-noot'si/ v. get used to
zvýšit' /zvee-shit'/ v. increase, raise

ž

žaba /zha-ba/ f. frog
žalár /zha-lár/ m. jail, prison
žalovat' /zha-lo-vat'/ v. sue, accuse,
  complain, make charges, sneak
žalúdok /zha-loo-dok/ m. stomach, tummy
žart /zhart/ m. joke, fun
že /zhe/ conj. that
žehlička /zheh-lich-ka/ f. iron
žehlit' /zheh-lit'/ v. iron, press
želanie /zhe-la-nye/ n. wish
želat' /zhe-lat'/ v. wish

železnica /zhe-lez-nyi-tsa/ f. railroad,
  railway
železný /zhe-lez-nee/ adj. iron
železo /zhe-le-zo/ n. iron
žemľa /zhem-lya/ f. roll, bun
žena /zhe-na/ f. woman, female, wife
ženatý /zhe-na-tee/ adj. married
ženích /zhe-nyeekh/ m. bridegroom
ženiť sa /zhe-nyit'sa/ v. marry
ženský /zhen-skee/ adj. feminine
žiačka /zhyach-ka/ f. school-girl
žiadať /zhya-dat'/ v. ask, demand, apply
žiaden /zhya-den/ pron. no, none, nobody,
  neither
žiadosť /zhya-dost'/ f. request, ap-
  plication
žiak /zhyak/ m. pupil, school-boy
žiaľ /zhyal'/ m. grief
žiariť /zhya-rit'/ v. shine, glare
žiarliť /zhyar-lit'/ v. be jealous
žiarlivý /zhyar-li-vee/ adj. jealous
žiarovka /zhya-rof-ka/ f. bulb
židovský /zhi-dof-skee/ adj. Jewish
žila /zhi-la/ f. vein
žiletka /zhi-let-ka/ f. razor-blade
žirafa /zhi-ra-fa/ f. giraffe
žiť /zhit'/ v. live

žito /zhi-to/ n. rye
živiť /zhi-viť/ v. feed
živočích /zhi-vo-cheekh/ m. animal
život /zhi-vot/ m. life
životný /zhi-vot-nee/ adj. vital
životopis /zhi-vo-to-pis/ m. biography
živý /zhi-vee/ adj. live, living, lively,
  vivid, active
žľaza /zhlya-za/ f. gland
žlč /zhlch/ f. bile, gall
žlčník /zhlch-nyeek/ m. gall-bladder
žĺtok /zhl-tok/ m. yolk
žltý /zhl-tee/ adj. yellow
žmýkať /zhmee-kať/ v. wring, squeeze
žobrák /zho-brák/ m. beggar
žobrať /zho-brať/ v. beg
žralok /zhra-lok/ m. shark
žrať /zhrať/ v. devour, eat up
žriedlo /zhryed-lo/ n. fountain, spring
žula /zhu-la/ f. granite
župan /zhu-pan/ m. bath-robe, dressing
  gown
žuť /zhuť/ v. chew
žuvačka /zhu-vach-ka/ f. chewing-gum

A

a, an /e, en/ neurčitý člen
abandon /e´baenden/ v. opustiť, vzdať
  sa
abbreviation /e´brívi´ejšn/ s. skratka
abdomen /´aebdemen/ s. brucho
ability /e´biliti/ s. schopnosť
able /´ejbl/ adj. schopný
aboard /e´bórd/ adv. na palube, na palubu
abolish /e´boliš/ v. zrušiť
abortion /e´bóršen/ s. potrat
about /e´baut/ prep. o, okolo, adv. asi
above /e´bav/ prep. nad, adv. hore, nahor
abroad /e´bród/ adv. v cudzine, do cud-
  ziny
absence /´aebsens/ s. neprítomnosť, ne-
  dostatok
absent /´aebsent/ adj. neprítomný
absolute /´aebselút/ adj. úplný, absolút-
  ny
absorb /eb´sórb/ v. pohltiť, vstrebať,
  cicať, zaujať
absurd /eb´sérd/ adj. nezmyselný
abundance /e´bandens/ s. hojnosť, nad-
  bytok
abuse /e´bjúz/ s. zneužitie, nadávka,
  v. zneužiť

abyss /e'bis/ s. priepasť
accelerate /aek'selerejt/ v. zrýchliť
accelerator /aek'selerejter/ s. pedál na plyn
accent /'aeksent/ s. prízvuk, výslovnosť
accept /ek'sept/ v. prijať
access /'aekses/ s. prístup
accessories /aek'seseriz/ s.pl. príslušenstvo, doplnky
accident /'aeksident/ s. náhoda, nehoda
accommodation /e-kome'dejšn/ s. ubytovanie, prispôsobenie
accompany /e'kampeni/ v. sprevádzať
accomplish /e'kompliš/ v. dokázať, vykonať, dokončiť
accord /e'kórd/ s. súhlas, zhoda
according /e'kórding/ prep. podľa
account /e'kaunt/ s. účet, počítanie, odhad, úvaha, v. považovať, vysvetliť
accumulate /e'kjúmjulejt/ v. nahromadiť
accurate /'aekjurit/ adj. presný
accuse /e'kjúz/ v. obviniť
accustom /e'kastem/ v. zvyknúť si
ache /ejk/ s. bolesť, v. bolieť
achieve /e'čív/ v. dosiahnuť
achievement /e'čívment/ s. dosiahnutie, výkon, čin

acid /ˈaesid/ adj. kyslý, s. kyselina

acknowledge /ekˈnolidž/ v. uznat', pri-
pustit', potvrdit'

acquaitance /eˈkwejntens/ s. zoznámenie,
známy

across /eˈkros/ prep. cez, adv. na dru-
hej strane

act /aekt/ s. čin, skutok, zákon, dej-
stvo, v. konat', hrat' *play*

action /ˈaekšn/ s. činnost', akcia, čin

active /ˈaektiv/ adj. činný, aktívny

actor /ˈaekter/ s. herec

actress /ˈaektris/ s. herečka

actual /ˈaekčuel/ adj. skutočný, terajší

acute /eˈkjút/ adj. ostrý, náhly, akútny

adapt /eˈdaept/ v. prispôsobit', upravit'

add /aed/ v. pridat', prirátat', zrátat'

addition /eˈdišn/ s. dodatok, súčet

address /eˈdres/ s. adresa, oslovenie,
prejav, v. adresovat', oslovit'

adequate /ˈaedekwet/ adj. primeraný, do-
statočný

adhesive /edˈhísiv/ s. lepidlo

adjust /eˈdžast/ v. prispôsobit', upravit'

adjustment /eˈdžastment/ s. úprava

administration /edˈminisˈtrejšn/ s. sprá-
va, vláda

admire /ed´majer/ v. obdivovat'

admission /ed´mišn/ s. prístup, vstupné, priznanie

admit /ed´mit/ v. vpustit', pripustit', uznat'

admittance /ed´mitens/ s. vstup

adopt /e´dopt/ v. adoptovat', prijat'

adult /´aedalt/ adj., s. dospelý

advance /ed´váns/ s. postup, pokrok, v. postúpit', dat' zálohu

advantage /ed´vántidž/ s. výhoda, zisk

adventure /ed´venčer/ s. dobrodružstvo

advertise /´aedvertajz/ v. inzerovat'

advertisement /ed´vértisment/ s. inzerát, reklama

advice /ed´vajs/ s. rada, správa

advise /ed´vajz/ v. radit'

aeroplane /´eereplejn/ s. lietadlo

affair /e´fér/ s. záležitost', vec, aféra

affect /e´fekt/ v. pôsobit', postihnút', dojat'

affection /e´fekšn/ s. náklonnost', láska, ochorenie

affluence /´aefluens/ s. nadbytok,hojnost'

afford /e´fórd/ v. dopriat' si, dovolit' si, poskytnút'

afraid /e´frejd/ -be...- bát' sa

after /'áfter/ prep. po, za, podľa,
  adv. neskôr, potom
afternoon /'áfternún/ s. popoludnie
afterwards /'áfterwerdz/ adv. neskôr,
  potom
again /e'gen/ adv. opäť, znova, zase, ešte
against /e'genst/ prep. proti, oproti
age /ejdž/ s. vek, staroba, v. starnúť
agency /'ejdžensi/ s. agentúra, zastu-
  piteľstvo, pôsobenie
agent /'ejdžent/ s. zástupca, činiteľ
aggression /e'grešn/ s. útok, agresia
aggressive /e'gresiv/ adj. agresívny,
  útočný
ago /e'gou/ adv. pred /o čase/
agree /e'grí/ v. súhlasiť
agreement /e'gríment/ s. súhlas, dohoda
agriculture /'aegrikalčer/ s. poľnohos-
  podárstvo
ahead /e'hed/ adv. vpredu, dopredu, pred
aid /ejd/ s. pomoc, v. pomáhať
aim /ejm/ s. cieľ, účel, v. mieriť,
  usilovať
air /eer/ s. vzduch, vzhľad, v. vetrať
airline /'eerlajn/ s. letecká linka
airmail /'eermejl/ s. letecká pošta
airplane /'eerplejn/ s. lietadlo

airport /ˈeerpórt/ s. letisko
alarm /eˈlárm/ s. poplach, v. znepokojiť
alarm-clock /eˈlárm-ˈklok/ s. budík
alcohol /ˈaelkehol/ s. alkohol
alert /eˈlert/ adj. ostražitý, čulý,
  s. poplach
alien /ˈejljen/ adj. cudzí, s. cudzinec
alike /eˈlajk/ adj. podobný, rovnaký,
  adv. rovnako
alive /eˈlajv/ adj. nažive
all /ól/ adj. celý, všetok, s. všetko,
  adv. celkom
all right /ólˈrajt/ adv. správne
allow /eˈlau/ v. dovoliť, povoliť
allowance /eˈlauens/ s. príspevok, zľava
ally /eˈlaj/ s. spojenec
almond /ˈámend/ s. mandľa
almost /ˈólmoust/ adv. skoro, temer
alone /eˈloun/ adj. sám, jediný
along /eˈlong/ prep. pozdíž
aloud /eˈlaud/ adv. nahlas, hlasno
alphabet /ˈaelfebit/ s. abeceda
already /ólˈredi/ adv. už
also /ˈólsou/ adv. tiež
alter /ˈólter/ v. meniť, prešiť
although /ólˈdzou/ conj. hoci
altogether /ˈólteˈgedzer/ adv. celkom,
  úplne

always /´ólwez/ adv. vždy, stále

am /aem, em/ v. som

a.m. /´ej´em/ adv. ráno, dopoludnia

amaze /e´mejz/ v. udivit', prekvapit'

ambassador /aem´baeseder/ s. vel'vyslanec

ambitious /aem´bišes/ adj. ctižiadostivý

America /e´merike/ s. Amerika

among /e´mang/ prep. medzi

amount /e´maunt/ s. čiastka, množstvo

amuse /e´mjúz/ v. bavit', zabávat'

ancestor /´aensister/ s. predok

anchor /´aenker/ s. kotva

and /aend, end/ conj. a

angel /´ejndžel/ s. anjel

anger /´aenger/ s. hnev, v. nahnevat'

angle /´aengl/ s. uhol, v. lovit' na
  udicu

animal /´aenimel/ s. zviera, adj. živo-
  čišny

ankle /´aenkl/ s. členok

anniversary /´aeni´vérseri/ s. výročie

announce /e´nauns/ v. oznámit'

announcement /e´naunsment/ s. oznámenie

annoy /e´noj/ v. obt'ažovat', trápit'

annual /´aenjuel/ adj. ročný, každoročný

another /e´nadzer/ pron. iný, d'alší,
  ešte jeden

answer /´ánse̱r/ s. odpoved', v. odpovedat'

ant /aent/ s. mravec

anticipate /aen´tisipejt/ v. predvídat',
  očakávat'

antique /aen´tík/ s. starožitnost'

any /´eni/ adj., pron. akýkol'vek, ktorý-
  kol'vek, nejaký, niektorý

anybody /´eni‿bodi/ pron. ktokol'vek,
  niekto

anyone /´eniwan/ pron. každý, ktokol'vek

anything /´eniSing/ pron. čokol'vek,
  niečo

anyway /´eniwej/ adv. akokol'vek, rozhodne

anywhere /´eniwér/ adv. kdekol'vek, nie-
  kde

apart /e̱´párt/ adv. stranou, oddelene

apartment /e̱´pártment/ s. byt

apologize /e̱´poledžajz/ v. ospravedlnit'
  sa

apparently /e̱´paerentli/ adv. očividne

appeal /e̱´píl/ s. žiadost', prosba, odvo-
  lanie, v. odvolat' sa

appear /e̱´pier/ v. objavit' sa, zdat' sa

appearance /e̱´pierens/ s. zjav, zdanie

appetite /´aepitajt/ s. chut'

apple /´aepl/ s. jablko

application /‿aepli´kejšn/ s. žiadost',
  použitie

apply /e'plaj/ v. priložit', žiadat',
  použit'

appointment /e'pojntment/ s. ustanovenie,
  schôdzka, zamestnanie

appreciate /e'príšiejt/ v. ocenit', vá-
  žit' si, uznávat'

approach /e'prouč/ s. priblíženie, prí-
  stup, v. priblížit' sa

approve /e'prúv/ v. súhlasit', schválit'

apricot /'ejprikot/ s. marhul'a

April /'ejprel/ s. apríl

apron /'ejpren/ s. zástera

arch /árč/ s. oblúk

are /ár/ v. si, sme, ste, sú

area /'eerie/ s. plocha, oblast'

argue /'árgjú/ v. hádat' sa, dokazovat'

arm /árm/ s. paža, plece, zbraň

army /'ármi/ s. armáda

around /e'raund/ prep., adv. okolo,dokola

arrange /e'rejndž/ v. usporiadat', za-
  riadit', upravit'

arrest /e'rest/ s. zatknutie,v. zatknút'

arrival /e'rajvl/ s. príchod

arrive /e'rajv/ v. príst'

arrow /'aerou/ s. šíp

art /árt/ s. umenie

article /'ártikl/ s. článok, predmet

artificial /'ártifišl/ adj. umelý

artist /´artist/ s. umelec

as /aez, ez/ adv., conj. ako, tak, ked',
  pretože

ash /aeš/ s. popol

ashtray /´aeštrej/ s. popolník

ask /ásk/ v. pýtat' sa, žiadat', prosit'

assassinate /e´saesinejt/ v. zavraždit'

assembly /e´sembli/ s. zhromaždenie

assign /e´sajn/ v. pridelit', určit'

assist /e´sist/ v. pomôct'

association /e-sousi´ejšn/ s. združenie

assume /e´sjúm/ v. predpokladat', domnie-
  vat' sa, prevziat'

assure /e´šuer/ v. uistit'

astonish /es´toniš/ v. udivit', prekvapit'

asylum /e´sajlem/ s. azyl, útulok, ústav

at /aet, et/ prep. u, v, na, pri

attach /e´taeč/ v. pripojit', prilepit'

attack /e´taek/ s. útok, záchvat, v. na-
  padnút', útočit'

attempt /e´tempt/ s. pokus, v. pokusit'
  sa

attend /e´tend/ v. navštevovat', obslu-
  hovat', ošetrovat'

attention /e´tenšn/ s. pozornost', pozor

attitude /´aetitjúd/ s. postoj, pomer

attract /e´traekt/ v. prit'ahovat', vábit'

attractive /e᷾traektiv/ adj. prít'ažlivý,
  pôvabný
auction /᷾ókšn/ s. dražba
audience /᷾ódjens/ s. obecenstvo, po-
  slucháčstvo
August /᷾ógest/ s. august
aunt /ánt/ s. teta
authority /ó᷾Soriti/ s. autorita, moc,
  úrad
autumn /᷾ótem/ s. jeseň
available /e᷾vejlebl/ adj. prístupný,
  platný, na sklade
avalanche /᷾aevelánš/ s. lavína
avenge /e᷾vendž/ v. pomstiť
avenue /᷾aevenjú/ s. alej, trieda
average /᷾aeveridž/ s. priemer, adj.prie-
  merný
avoid /e᷾vojd/ v. vyhnúť sa
awake, awoke, awoke /e᷾wejk, e᷾wouk,
  e᷾wouk/ v. zobudiť sa
award /e᷾wórd/ s. rozhodnutie, cena,
  v. prisúdiť, udeliť
aware /e᷾wer/ adj. byť si vedomý
away /e᷾wej/ adv. preč, d'aleko
awful /᷾óful/ adj. hrozný, strašný
ax /aeks/ s. sekera
axis /᷾aeksis/ s. os

B

baby /ˈbejbi/ s. nemluvňa

back /baek/ s. chrbát, operadlo, zadná
strana, adj. zadný, adv. nazad, späť,
v. cúvať, podporovať

background /ˈbaekgraund/ s. pozadie, mi-
nulosť

bacon /ˈbejkn/ s. slanina

bad /baed/ adj. zlý, skazený, škodlivý

bag /baeg/ s. vak, taška

baggage /ˈbaegidž/ s. batožina

bake /bejk/ v. piecť, vypaľovať

bakery /ˈbejkeri/ s. pekáreň

balance /ˈbaelens/ s. váha, rovnováha,
bilancia, zostatok, v. vyrovnať

bald /bóld/ adj. holý, holohlavý

ball /ból/ s. lopta, guľka, ples

ban /baen/ s. zákaz, v. zakázať

banana /beˈnáne/ s. banán

band /baend/ s. páska, remeň, tlupa, ka-
pela

bandage /ˈbaendidž/ s. obväz, v. obviazať

bank /baenk/ s. banka, breh

baptize /baepˈtajz/ v. krstiť

bar /bár/ s. tyč, závora, takt, výčap,
v. prehradiť, zakázať

barber /ˈbárber/ s. holič

bare /beer/ adj. holý, nahý, prostý
bargain /´bárgin/ s. výhodná kúpa, obchod
bark /bárk/ s. kôra, v. brechat'
barley /´bárli/ s. jačmeň
barn /bárn/ s. stodola
barrel /´baerel/ s. sud, hlaveň
base /bejs/ s. základňa, v. zakladat'
basic /´bejsik/ adj. základný
basket /´báskit/ s. kôš
bath /báS/ s. kúpel', v. vykúpat' sa
bathe /bejdz/ v. kúpat' sa
bathroom /´báSrum/ s. kúpel'ňa
bath-tub /´báStab/ s. vaňa
battery /´baeteri/ s. batéria
battle /´baetl/ s. bitka
be, was, been /bí, woz, bín/ v. byt'
beach /bíč/ s. pláž
bead /bíd/ s. korálka, gul'ôčka
beak /bík/ s. zobák
beam /bím/ s. trám, lúč, v. žiarit'
bean /bín/ s. bôb
bear, bore, born /beer, bór, bórn/ v.
  nosit', znášat', rodit'
bear /beer/ s. medved'
beard /bierd/ s. briadka
beat, beat, beaten /bít, bít, bítn/ v.
  bit', tĺct', s. tep, takt

beautiful /ˈbjútifl/ adj. krásny

beauty /ˈbjúti/ s. krása

because /biˈkóz/ conj. pretože, kvôli

become, became, become /biˈkam, biˈkejm, biˈkam/ v. stat' sa, slušat'

bed /bed/ s. postel', záhon

bedroom /ˈbedrum/ s. spálňa

bee /bí/ s. včela

beef /bíf/ s. hovädzie mäso

beer /bier/ s. pivo

beet /bít/ s. repa

beetle /ˈbítl/ s. chrobák

before /biˈfór/ prep., adv. pred, skôr

beg /beg/ v. žobrat', prosit'

beggar /ˈbeger/ s. žobrák

begin, began, begun /biˈgin, biˈgaen, biˈgan/ v. začat'

beginning /biˈgining/ s. začiatok

behave /biˈhejv/ v. chovat' sa, fungovat'

behind /biˈhajnd/ prep., adv. za, vzadu, pozadu

being /ˈbíing/ s. bytie, bytost'

believe /biˈlív/ v. verit', domnievat' sa

bell /bel/ s. zvon, zvonec

belly /ˈbeli/ s. brucho

belong /biˈlong/ v. patrit', náležat'

below /biˈlou/ prep., adv. pod, dole

belt /belt/ s. pás, opasok

bend, bent, bent /bend, bent, bent/ v.
  ohnúť /sa/, s. ohyb

beneath /bi´níS/ prep., adv. pod, dole

benefit /´benefit/ s. úžitok, prospech,
  podpora

berry /´beri/ s. bobuľa

beside /bi´sajd/ prep. vedľa, pri

besides /bi´sajdz/ prep. okrem toho, mimo

best /best/ adj. najlepší

bet /bet/ s. stávka

betray /bi´trej/ v. zradiť

better /´beter/ adj. lepší

between /bi´twín/ prep. medzi

beverage /´beveridž/ s. nápoj

beware /bi´wer/ v. dať pozor na

beyond /bi´jond/ prep., adv. za, nad, na
  druhej strane

bicycle /´bajsikl/ s. bicykel

big /big/ adj. veľký

bill /bil/ s. účet, bankovka, predloha
  zákona, plagát

bind, bound, bound /bajnd, baund, baund/
  v. viazať, zaviazať, spojiť

birch /bérč/ s. breza

bird /bérd/ s. vták

birth /bérS/ s. narodenie, vznik, pôvod

birthday /ˊbérSdej/ s. narodeniny
bit /bit/ s. kúsok, udidlo
bite, bit, bitten /bajt, bit, ˊbitn/ v.
  hrýzt', štípat', s. pohryznutie, kúsok
bitter /ˊbiter/ adj. horký
black /blaek/ adj. čierny, s. černoch
blackberry /ˊblaekberi/ s. černica
blackboard /ˊblaekbórd/ s. školská ta-
  bul'a
blackmail /ˊblaekmejl/ v. vydierat'
blade /blejd/ s. žiletka, steblo
blame /blejm/ s. vina, hana, v. vinit'
blank /blaenk/ s. prázdny, nepopísaný
blanket /ˊblaenkit/ s. pokrývka
blaze /blejz/ s. žiar, požiar
bleach /blíč/ v. bielit'
bleed, bled, bled /blíd, bled, bled/ v.
  krvácat'
blind /blajnd/ adj. slepý
block /blok/ s. blok, klát, v. blokovat'
blood /blad/ s. krv
blossom /ˊblosem/ s. kvet, v. kvitnút'
blouse /blauz/ s. blúza
blow /blou/ s. rana, úder
blow, blew, blown /blou, blú, bloun/ v.
  fúkat', dut', zahasit'
blue /blú/ adj. modrý

blunt /blant/ adj. tupý

board /bórd/ s. doska, lepenka, výbor,
  strava, v. stravovat' sa

boat /bout/ s. čln, lod'

body /´bodi/ s. telo, teleso

boil /bojl/ v. varit' sa, vriet'

bomb /bom/ s. bomba, puma

bond /bond/ s. puto, úpis

bone /boun/ s. kost'

book /buk/ s. kniha, zošit, v. zapísat',
  objednat' si

bookcase /´bukkejs/ s. knižnica

book-store /´bukstór/ s. kníhkupectvo

booth /búdz/ s. búdka

border /´bórder/ s. okraj, pohraničie,
  v. obrúbit'

bore /bór/ v. nudit' sa, vŕtat'

born /bórn/ adj. narodený

borrow /´borou/ v. požičat' si

bosom /´buzem/ s. prsia

boss /bos/ s. šéf, pán

both /bouS/ pron. obaja

bother /´bodzer/ v. obt'ažovat', trápit'

bottle /´botl/ s. fl'aša

bottom /´botem/ s. dno, spodok

bow /bau/ s. poklona, v. zohnút' sa
  poklonit' sa

bow /bou/ s. luk, oblúk, sláčik, stuha
bowels /'bauelz/ s.pl. vnútornosti, črevá
bowl /boul/ s. mísa, čaša
box /boks/ s. debna, škatuľa, lóža
box-office /'boks ofis/ s. pokladnica
boy /boj/ s. chlapec
bra /brá/ s. podprsenka
bracelet /'brejslit/ s. náramok
brain /brejn/ s. mozog, rozum
brake /brejk/ s. brzda, v. brzdiť
branch /bránč/ s. vetva, pobočka
brand /braend/ s. značka, znamenie,
  v. označiť
brass /brás/ s. mosadz
brave /brejv/ adj. statočný
bread /bred/ s. chlieb
breadth /bredS/ s. šírka
break, broke, broken /brejk, brouk, 'brou-
  ken/ v. zlomiť, rozbiť, nedodržať,
  prerušiť, s. prestávka
breakdown /'brejkdaun/ s. zrútenie
breakfast /'brekfest/ s. raňajky
breast /brest/ s. prsia, hruď
breath /breS/ s. dýchanie, dych
breathe /brídz/ v. dýchať
breed, bred, bred /bríd, bred, bred/ v.
  plodiť, pestovať, vychovať

brewery /'brúeri/ s. pivovar
bribe /brajb/ s. úplatok, v.podplácat'
brick /brik/ s. tehla
bricklayer /'briklejer/ s. murár
bride /'brajd/ s. nevesta
bridegroom /'brajdgrúm/ s. ženích
bridge /bridž/ s. most
brief /bríf/ adj. krátky, stručný
brief-case /brífkejs/ s. aktovka
bright /brajt/ adj. jasný, bystrý,veselý
bring, brought, brought /bring, brót,
  brót/ v. priniest', priviest'
Britain /'britn/ s. Británia
broad /bród/ adj. široký
broadcast /'bródkást/ s. vysielanie roz-
  hlasom
brooch /brouč/ s. brošňa
broom /brúm/ s. metla
broth /broS/ s. mäsový vývar
brother /'bradzer/ s. brat
brother-in-law /'bradzer-in-ló/ s. švagor
brow /brau/ s. obočie
brown /braun/ adj. hnedý
brush /braš/ s. kefa, štetka, štetec
bucket /'bakit/ s. vedro
buckle /'bakl/ s. spona, v. zapínat'
budget /'badžit/ s. rozpočet

build, built, built /'bild, bilt, bilt/
  v. stavat', budovat'
building /'bilding/ s. budova, stavba
bulb /balb/ s. hl'uza, žiarovka
bull /bul/ s. býk
bullet /'bulit/ s. gul'ka, strela
bun /ban/ s. žeml'a
bunch /banč/ s. zväzok, kytica
burden /'bérdn/ s. bremeno, v. zat'ažit'
burglar /'bérgler/ s. zlodej, vlamač
burglary /'bérgleri/ s. vlámanie
burial /'beriel/ s. pohreb
burn, burnt, burnt /bérn, bérnt, bérnt/
  v. pálit', horiet', s. popálenina
burst, burst, burst /bérst, bérst, bérst/
  v. prasknút', puknút', s. výbuch
bury /'beri/ v. pochovat', zakopat'
bus /bas/ s. autobus
bush /buš/ s. ker
business /'biznis/ s. zamestnanie, zále-
  žitost', obchod
businessman /'biznismen/ s. obchodník
busy /'bizi/ adj. zamestnaný, rušný
but /bat/ conj., prep. ale, však, len,
  okrem
butcher /'bučer/ s. mäsiar
butter /'bater/ s. maslo

butterfly /ˈbaterflaj/ s. motýl'
button /ˈbatn/ s. gombík, v. zapnút'
buy, bought, bought /baj, bót, bót/ v.
  kúpit'
by /baj/ prep. vedl'a, pri, okolo, podl'a

C

cab /kaeb/ s. taxík
cabbage /ˈkaebidž/ s. hlávková kapusta
cable /ˈkejbl/ s. lano, kábel, telegram
café /ˈkaefej/ s. kaviareň
cafeteria /ˈkaefiˈtierje/ s. automat,
  bufet
cage /kejdž/ s. klietka
cake /kejk/ s. torta, koláč, buchta
calendar /ˈkaelinder/ s. kalendár
calf /káf/ s. tel'a, lýtko
call /kól/ s. volanie, hovor, návšteva,
  v. volat', nazývat', navštívit', tele-
  fonovat'
calm /kám/ adj. tichý, pokojný, v. upo-
  kojit' sa
camel /ˈkaeml/ s. t'ava
camera /ˈkaemere/ s. kamera, fotoaparát
camp /kaemp/ s. tábor, v. táborit'
can, could /kaen, kud/ v. môct', smiet'
can /kaen/ s. plechovka, konzerva

cancel /ˈkaensl/ v. zrušiť, odvolať
cancer /ˈkaenser/ s. rakovina
candle /ˈkaendl/ s. sviečka
candy /ˈkaendi/ s. cukrík
cap /kaep/ s. čiapka, viečko
capable /ˈkejpebl/ adj. schopný
capital /ˈkaepitl/ s. hlavné mesto, ka-
  pitál, adj. hlavný
capitalism /ˈkaepitelizm/ s. kapitalizmus
captain /ˈkaeptin/ s. kapitán
captive /ˈkaeptiv/ s. zajatec, adj.zajatý
car /kár/ s. auto, voz
card /kárd/ s. karta, lístok, vizitka
care /keer/ s. starosť, starostlivosť,
  v. starať sa, dbať
career /keˈrier/ s. zamestnanie, kariéra
careful /ˈkeerful/ adj. opatrný, starost-
  livý, pečlivý
careless /ˈkeerles/ adj. bezstarostný,
  nedbalý
carol /ˈkaerel/ s. koleda
carp /kárp/ s. kapor
carpet /ˈkárpit/ s. koberec
carrot /ˈkaeret/ s. mrkva
carry /ˈkaeri/ v. nosiť, vykonávať
carve /kárv/ v. vyrezávať, krájať
case /kejs/ s. prípad, puzdro, debna
cash /kaeš/ s. hotové peniaze

cashier /kae´šier/ s. pokladník
castle /´kásl/ s. hrad, zámok
casual /´kaežjuel/ adj. náhodný,neformálny
cat /kaet/ s. mačka
catch, caught, caught /kaeč, kót, kót/ v.
  chytiť, stihnúť, pochopiť, s. úlovok
cattle /´kaetl/ s. dobytok
cauliflower /´koliflauer/ s. karfiol
cause /kóz/ s. príčina, dôvod, v.spôsobiť
caution /´kóšn/ s. opatrnosť, výstraha
cave /kejv/ s. jaskyňa
cease /síz/ v. prestať, zastaviť
ceiling /´síling/ s. povala
celebrate /´selibrejt/ v. oslavovať
celery /´seleri/ s. zeler
cellar /´seler/ s. pivnica
cemetery /´semitri/ s. cintorín
censorship /´senseršip/ s. cenzúra
center /´senter/ s. stred, stredisko
century /´senčeri/ s. storočie
cereals /´sierielz/ s.pl. obilniny
certain /´sétn/ adj. istý, určitý
certificate /se´tifikejt/ s. vysvedčenie,
  potvrdenie
certify /´sertifaj/ v. potvrdiť
chain /čejn/ s. reťaz, v. spútať
chair /čeer/ s. stolička, v. predsedať

chalk /čǒk/ s. krieda
challenge /ˈčaelendž/ s. výzva, v. vy-
    zvat', vzdorovat'
chance /čáns/ s. náhoda, príležitosť'
change /čejndž/ s. zmena, výmena, drobné,
    v. vymeniť', meniť'/sa/ prezliecť'
channel /ˈčaenl/ s. prieplav, kanál
chapel /ˈčaepl/ s. kaplnka
chapter /ˈčaepter/ s. kapitola
charge /čárdž/ s. náboj, poplatok, dozor,
    obvinenie, v. nabiť', poveriť', obviniť'
charity /ˈčaeriti/ s. dobročinnosť'
charm /čárm/ s. kúzlo, pôvab, v. okúzliť'
cheap /číp/ adj. lacný
cheat /čít/ s. podvod, v. podviesť'
check /ček/ s. kontrola, zadržanie, šek,
    v. kontrolovať', zadržať'
cheek /čík/ s. tvár, líce
cheer /čier/ s. volanie na slávu, v. po-
    vzbudiť'
cheese /číz/ s. syr
chemist /ˈkemist/ s. chemik, lekárnik
cherry /ˈčeri/ s. čerešňa
chess /čes/ s. šach
chest /čest/ s. truhla, hruď', prsia
chestnut /česnat/ s. gaštan
chew /čú/ v. žuvať'

chicken /ˈčikin/ s. kurča

chief /číf/ s. náčelník, velitel', šéf,
  adj. hlavný

child /čajld/ s. diet'a

chimney /ˈčimni/ s. komín

chin /čin/ s. brada

china /ˈčajne/ s. porcelán

chocolate /ˈčoklit/ s. čokoláda

choice /čojs/ s. vol'ba, výber

choke /čouk/ v. dusit' sa, škrtit'

choose, chose, chosen /čúz, čouz, čouzn/
  v. vybrat' si, zvolit'

chop /čop/ s. kotleta, v. sekat',štiepat'

Christmas /ˈkrismes/ s. Vianoce

church /čŕč/ s. kostol, cirkev

cigarette /ˌsigeˈret/ s. cigareta

cinema /ˈsineme/ s. kino

cinnamon /ˈsenemen/ s. škorica

circle /ˈsŕkl/ s. kruh, krúžok

circulate /ˈsŕkjulejt/ v. obiehat'

circumstance /ˈsŕkemstens/ s. okolnost'

citizen /ˈsitizn/ s. občan

city /ˈsiti/ s. mesto, vel'komesto

claim /klejm/ v. požadovat', tvrdit',
  s. požiadavka, nárok

clap /klaep/ v. klopat', tlieskat'

clash /klaeš/ s. zrážka

class /klás/ s. trieda, ročník
claw /kló/ s. pazúr, v. driapat'
clay /klej/ s. hlina, íl
clean /klín/ adj. čistý, v. čistit'
clear /klier/ adj. jasný, zretel'ný
clerk /klárk/ s. úradník
clever /´klever/ adj. múdry, obratný
climate /´klajmit/ s. podnebie
climb /klajm/ v. šplhat', stúpat'
cloak /klouk/ s. plášt'
cloak-room /´klouk´rum/ s. šatňa
clock /klok/ s. hodiny
close /klous/ adj., adv. tesný, dusný,
  blízko, v. zatvorit', ukončit'
cloth /kloS/ s. látka, plátno, súkno
clothe /kloudz/ v. obliect'
clothes /kloudz/ s.pl. šaty, bielizeň
cloud /klaud/ s. mrak, oblak
club /klab/ s. palica, kyjak, klub
clutch /klač/ s. spojka /u auta/
coach /kouč/ s. koč, vagón, autokar,
  trenér, v. trénovat'
coal /koul/ s. uhlie
coast /koust/ s. breh, pobrežie
coat /kout/ s. kabát, náter
cock /kok/ s. kohút
cocoa /´koukou/ s. kakao

coconut /ˈkoukenat/ s. kokosový orech
coffee /ˈkofi/ s. káva
coffin /ˈkofin/ s. rakva
coherent /kouˈhierent/ adj. súvislý
coin /kojn/ s. peniaz, minca
coincidence /kouˈinsidens/ s. náhoda,
   zhoda
cold /kould/ adj. studený, chladný,
   s. zima, chlad
collapse /keˈlaeps/ s. zrútenie
collar /ˈkoler/ s. golier, obojok
collect /keˈlekt/ v. zbierat', inkasovat'
college /ˈkolidž/ s. vysoká škola,fakulta
collision /keˈližn/ s. zrážka
color /ˈkaler/ s. farba, v. farbit'
column /ˈkolem/ s. stĺp, kolóna, stĺpec
comb /koum/ s. hrebeň, v. česat' /sa/
combination /ˌkombiˈnejšn/ s. spojenie
come, came, come /kam, kejm, kam/ v.
   príst', pricestovat'
comfort /ˈkamfert/ s. pohodlie, v.utešit'
comfortable /ˈkamfertebl/ adj. pohodlný
command /keˈmánd/ s. rozkaz, velenie,
   v. velit', rozkazovat'
commit /keˈmit/ v. spáchat', zverit'
commitment /keˈmitment/ s. záväzok
committee /keˈmiti/ s. výbor, komisia

common /ˈkomen/ adj. obecný, spoločný,
obyčajný

communicate /keˈmjúnikejt/ v. povedat',
byt' v spojení, oznámit'

communism /ˈkomjunizm/ s. komunizmus

community /keˈmjúniti/ s. spoločenstvo,
obec

company /ˈkampeni/ s. spoločnost'

compare /kemˈpeer/ v. porovnávat'

compartment /kemˈpártment/ s. oddelenie

compensate /ˈkompensejt/ v. nahradit',
odškodnit'

compete /kemˈpít/ v. sút'ažit'

competent /ˈkompetent/ adj. schopný, prí-
slušný

competition /ˌkompeˈtišn/ s. sút'až, kon-
kurencia

complain /kemˈplejn/ v. ponosovat' sa

complete /kemˈplít/ adj. úplný, dokonče-
ný, v. doplnit', dokončit'

complexion /kemˈplekšn/ s. plet'

complicated /ˈkomplikejtid/ adj. zložitý

composer /kemˈpouzer/ s. skladatel'

comprehend /ˌkompriˈhend/ v. pochopit',
zahrnút'

compress /kemˈpres/ s. obklad, v. stlačit'

compromise /ˈkompremajz/ s. kompromis,
v. dohodnút' sa, kompromitovat'

compulsory /kem´palseri/ adj. povinný

computer /kem´pjúter/ s. počítač

conceal /ken´síl/ v. skryt', zatajit'

concentrate /´konsentrejt/ v. sústredit'
sa, koncentrovat'

concept /´konsept/ s. pojem

concern /ken´sérn/ s. záujem, záležitost',
v. týkat' sa, zaujímat' sa

conclusion /ken´klúžn/ s. záver, uzavretie

condemn /ken´dem/ v. odsúdit'

condition /ken´dišn/ s. podmienka, stav

conductor /ken´dakter/ s. sprievodca, di-
rigent

cone /koun/ s. kužel', šuška

confectionery /ken´fekšeneri/ s. cukráreň

confess /ken´fes/ v. priznat', spovedat'sa

confidence /´konfidens/ s. dôvera, dôver-
nost'

confident /´konfident/ adj. presvedčený,
sebaistý

confirm /ken´férm/ v. potvrdit'

confiscate /´konfiskejt/ v. zabavit'

conflict /´konflikt/ s. spor, rozpor

confuse /ken´fjúz/ v. zmiast', popliest'

congratulate /ken´graetjulejt/ v. blaho-
želat'

connect /ke´nekt/ v. spájat'

connection /ke´nekšn/ s. spojenie, styk, prípoj

conscience /´konšens/ s. svedomie

conscious /´konšes/ adj. vedomý, pri vedomí

consent /ken´sent/ s. súhlas, v. súhlasit'

consequence /´konsikwens/ s. následok, dôležitost'

consider /ken´sider/ v. uvažovat', považovat'

consist /ken´sist/ v. skladat' sa

consistent /ken´sistent/ adj. dôsledný

consolation /⋅konse´lejšn/ s. útecha

constant /´konstent/ adj. stály, verný

constipation /⋅konsti´pejšn/ s. zápcha

constitution /⋅konsti´tjúšn/ s. ústava , konštitúcia

construct /ken´strakt/ v. stavat', zostrojit'

consulate /´konsjulet/ s. konzulát

consult /ken´salt/ v. poradit' sa, radit'

consume /ken´sjúm/ v. spotrebovat'

contact /´kontaekt/ s. styk, kontakt

contagious /ken´tejdžes/ adj. nákazlivý

contain /ken´tejn/ v. obsahovat'

contemporary /ken´tempereri/ adj. súčasný

contempt /ken´tempt/ s. pohŕdanie

contend /ken´tend/ v. zápasit', tvrdit'

content /ken´tent/ adj. spokojný

contents /´kontents/ s. pl. obsah

contest /´kontest/ s. zápas, preteky,
  v. zápasit'

continent /´kontinent/ s. pevnina, sveta-
  diel

continue /ken´tinjú/ v. pokračovat'

continuous /ken´tinjues/ adj. nepretržitý

contract /´kontraekt/ s. zmluva

contradict /•kontre´dikt/ v. popierat',
  odporovat' /si/

contrary /´kontreri/ adj. opačný, s. opak

contrast /´kontraest/ s. opak, protiklad

contribute /ken´tribjút/ v. prispievat'

control /ken´troul/ s. dozor, kontrola,
  v. ovládat', viest', kontrolovat'

controversy /´kontreversi/ s. spor

convenient /ken´vínjent/ adj. vhodný, po-
  hodlný

convention /ken´venšn/ s. zhromaždenie,
  dohoda, konferencia

conversation /konver´sejšn/ s. rozhovor

convert /ken´vért/ v. premenit', obrátit'

convict /´konvikt/ s. trestanec

convince /ken´vins/ v. presvedčit'

cook /kuk/ s. kuchár, v. varit'

cooker /'kuker/ s. varič

cool /kúl/ adj. chladný, chladnokrvný

co-operate /kou'operejt/ v. spolupra-
   covat'

cope /koup/ v. vyrovnat' sa

copper /'koper/ s. med'

copy /'kopi/ s. opis, kópia, výtlačok,
   v. opísat', napodobnit'

cord /kórd/ s. šnúra, motúz

core /kór/ s. jadro, ohryzok

cork /kórk/ s. korok, zátka

cork-screw /'kórkskrú/ s. vývrtka

corn /kórn/ s. zrno, kukurica

corner /'kórner/ s. roh, kút

corpse /kórps/ s. mŕtvola

correct /ke'rekt/ adj. správny, v. opravit'

corridor /'koridór/ s. chodba

corrupt /ke'rapt/ adj. skazený, úplatný,
   v. skazit', podplatit'

cost, cost, cost /kost, kost, kost/ v.
   s. cena, náklad, v. stat', mat' cenu

costume /'kostjúm/ s. kostým

cosy /'kouzi/ adj. útulný

cottage /'kotidž/ s. chalupa, domek

cotton /'kotn/ s. bavlna

cotton-wool /'kotn'wul/ s. vata

cough /kof/ s. kašel', v. kašlat'

count /kaunt/ s. počet, gróf, v. počítat'

counter /´kaunter/ s. pult

country /´kantri/ s. krajina, vidiek

couple /´kapl/ s. pár, dvojica

courage /´karidž/ s. odvaha

courageous /ke´rejdžs/ adj. odvážny,sta-
 točný

course /kórs/ s. beh, chod, dráha, kurz

court /kórt/ s. dvor, súd, v. dvorit'

courtesy /´kértesi/ s. zdvorilost'

cousin /kazn/ s. bratranec, sesternica

cover /´kaver/ s. pokrývka, obal, viečko,
 úhrada, úkryt, v. zakryt', kryt', hradit'

cow /kau/ s. krava

coward /´kauerd/ s. zbabelec

crab /kraeb/ s. krab

crack /kraek/ s. trhlina, rana, v. pras-
 knút', puknút'

cracker /´kraeker/ s. suchár

cradle /´krejdl/ s. kolíska

craft /kráft/ s. remeslo, zručnost'

cramp /kraemp/ s. kŕč

cranberry /´kraenberi/ s. brusnica

crash /kraeš/ s. pád, rachot, v. zrútit'
 sa, narazit'

crave /krejv/ v. túžit'

crawl /król/ v. plazit' sa

crazy /ˈkrejzi/ adj. bláznivý, pobláznený
cream /krím/ s. smotana, krém
crease /krís/ s. záhyb, v. krčiť sa
create /kriˈejt/ v. vytvoriť
creature /ˈkríčer/ s. tvor
credit /ˈkredit/ s. dôvera, úver, v. veriť, pripísať k dobru
creep, crept, crept /kríp, krept, krept/ v. liezť, plížiť sa
crew /krú/ s. posádka, mužstvo
crib /krib/ s. jasle, detská posteľ
crime /krajm/ s. zločin
criminal /ˈkriminl/ adj. zločinný, trestný, s. zločinec
cripple /ˈkripl/ s. mrzák, v. zmrzačiť
crisis /ˈkrajsis/ s. kríza
critical /ˈkritikl/ adj. kritický
crochet /ˈkroušej/ s. háčkovanie
crockery /ˈkrokeri/ s. riad
crook /kruk/ s. hák, podvodník
crooked /ˈkrukid/ adj. krivý, nepoctivý
crop /krop/ s. žatva, úroda
cross /kros/ s. kríž, v. krížiť, prejsť, prečiarknuť, hnevať sa
crossing /ˈkrosing/ s. križovatka
crow /krou/ s. vrana
crowd /kraud/ s. zástup, tlačenica

crown /kraun/ s. koruna, veniec, vrchol
cruel /'kruel/ adj. krutý
crush /kraš/ v. rozmačkat', rozdrvit'
crust /krast/ s. kôrka
crutch /krač/ s. barla
cry /kraj/ s. krik, volanie, plač,
  v. kričat', plakat'
cube /kjúb/ s. kocka
cucumber /'kjúkember/ s. uhorka
cuff /kaf/ s. manžeta
cuff-links /kaf'links/ s. pl. manžetové
  gombíky
cultivate /'kaltivejt/ v. pestovat'
culture /'kalčer/ s. kultúra
cup /kap/ s. šálka, pohár
cupboard /'kaberd/ s. skrinka, kredenc
curb /kérb/ s. okraj chodníka, uzda
cure /kjuer/ s. liečenie, liek, v. liečit'
curious /'kjuerjes/ adj. zvedavý, podivný
curly /kérli/ adj. kučeravý
currency /'karensi/ s. obeh, mena
current /'karent/ adj. bežný, s.prúd,smer
curse /kérs/ s. kliatba, v. preklínat'
curtain /'kértn/ s. záclona, opona
curve /kérv/ s. krivka, zákruta
cushion /'kušn/ s. vankúš
custody /'kastedi/ s. opatrovanie, úscho-
  va, väzenie

custom /ˈkastem/ s. zvyk, obyčaj
customer /ˈkastemer/ s. zákazník
customs /ˈkastems/ s. clo, colnica
cut, cut, cut /kat, kat, kat/ v. rezat',
 krájat', sekat', strihat', s. rez, rana,
 zníženie /cien/
cute /kjút/ adj. rozkošný
cutlery /ˈkatleri/ s. príbor
cutlet /ˈkatlit/ s. kotleta
Czech /ček/ s. Čech, čeština
Czechoslovakia /ˈčekosloˈvaekje/ s.Česko-
 Slovensko

D

dad, daddy /daed, daedi/ s. otec, otecko
dagger /ˈdaeger/ s. dýka
dairy /ˈdeeri/ s. mliekáreň
daisy /ˈdejzi/ s. sedmokráska
dam /daem/ s. hrádza, priehrada
damage /ˈdaemidž/ s. škoda, v. poškodit'
damn /daem/ v. preklínat'
damp /daemp/ adj. vlhký, s. vlhkost'
dance /dáns/ s. tanec, v. tancovat'
danger /ˈdejndžer/ s. nebezpečenstvo
dangerous /ˈdejndžeres/ adj. nebezpečný
dare /deer/ v. odvážit' sa, vyzvat'
dark /dárk/ adj. tmavý temný, s. tma

darling /´dárling/ s. miláčik
date /dejt/ s. dátum, schôdzka, v. dato-
  vat', pochádzat', mat' schôdzku
date /dejt/ s. datľa
datum /´dejtem/ s. údaj
daughter /´dóter/ s. dcéra
daughter-in-law /dóter in´ló/ s. nevesta
dawn /dón/ s. úsvit, v. rozodnievat' sa
day /dej/ s. deň
dazzle /daezl/ v. oslnit'
dead /ded/ adj. mŕtvy, neživý
deaf /def/ adj. hluchý
deal, dealt, dealt /díl, delt, delt/ v.
  rozdelit', rozdat', vyjednat', obchodo-
  vat', s. čast', množstvo, dohoda
dear /dier/ adj. drahý, milý
death /deS/ s. smrt'
debt /det/ s. dlh
decade /´dekejd/ s. desat'ročie
decay /di´kej/ s. rozklad, úpadok, v. roz-
  kladat' sa, kazit' sa, rozpadat' sa
decease /di´sís/ v. zomriet'
deceive /di´sív/ v. klamat', podvádzat'
December /di´sember/ s. december
decent /´dísnt/ adj. slušný, mravný
decide /di´sajd/ v. rozhodnút' /sa/
decision /di´sižn/ s. rozhodnutie

declare /di´klér/ v. vyhlásit',preclit'

decline /di´klajn/ s. úpadok, v. upadat', odmietnut'

decorate /´dekerejt/ v. ozdobit', vymal'ovat', vyznamenat'

decrease /di´krís/ s. úbytok, v. ubúdat'

dedicate /´dedikejt/ v. venovat'

deduct /di´dakt/ v. odpočítat', zrazit'

deed /díd/ s. čin, skutok, listina

deep /díp/ adj. hlboký

deer /dier/ s. vysoká zver /jeleň/

defeat /di´fít/ s. porážka, v. porazit'

defect /di´fekt/ s. nedostatok, závada

defend /di´fend/ v. bránit', hájit'/sa/

definite /´definit/ adj. určitý, definitívny

degree /di´grí/ s. stupeň, hodnost'

delay /di´lej/ s. odklad, zdržanie, v. zdržat'/sa/, odložit'

deliberately /di´liberitli/ adv.schválne

delicate /´delikit/ adj. jemný, chúlostivý, chutný

delight /di´lajt/ s. potešenie, v.tešit' sa, mat' radost'

deliver /di´liver/ v. doručit', predniest'

delivery /di´liveri/ s. dodávka, prednes

demand /di´mánd/ s. požiadavka, v. žiadat'

democracy /di'mokresi/ s. demokracia
demolish /di'moliš/ v. zničit', zrúcat'
demonstrate /'demenstrejt/ v. ukázat',
  dokázat', demonštrovat'
denial /di'najel/ s. poprenie
denounce /di'nauns/ v. udat', vypovedat'
dense /dens/ adj. hustý, hlúpy
dentist /'dentist/ s. zubný lékar
deny /di'naj/ v. popriet', zamietnut'
depart /di'párt/ v. odíst', odcestovat',
  odchýlit' sa
department /di'pártment/ s. oddelenie,
  ministerstvo
departure /di'párčer/ s. odchod, odjazd
depend /di'pend/ v. závisiet', spoliehat'
  sa
deposit /di'pozit/ s. vklad, nános, v. u-
  ložit', zložit', naplavit'
depress /di'pres/ v. stlačit', skl'účit'
depression /di'prešn/ s. depresia, kríza
depth /depS/ s. hlbka
deputy /'depjuti/ s. zástupca, poslanec
descend /di'send/ v. zostúpit',pochádzat'
descendent /di'sendent/ s. potomok
describe /dis'krajb/ v. opísat',vylíčit'
desert /di'zért/ v. opustit',dezertovat'
desert /'dezert/ s. púšt', adj. pustý

deserve /di´zérv/ v. zaslúžiť si

design /di´zajn/ s. návrh, projekt, zámer, v. projektovať, plánovať, určiť

desire /di´zajer/ s. túžba, v. túžiť

desk /desk/ s. písací stôl, školská lavica

desperate /´desperit/ adj. zúfalý

despise /dis´pajz/ v. opovrhovať

despite /dis´pajt/ s. vzdor, navzdory

dessert /di´zért/ s. múčnik, dezert

destination /·desti´nejšn/ s. miesto určenia, cieľ

destiny /´destini/ s. osud

destroy /dis´troj/ v. zničiť

destruction /dis´trakšn/ s. zničenie

detach /di´taeč/ v. oddeliť

detail /´dítejl/ s. podrobnosť, detail

detain /di´tejn/ v. zadržať, zdržať

detect /di´tekt/ v. objaviť, odkryť

detergent /di´térdžent/ s. čistiaci prostriedok, prací prášok

deteriorate /di´tírierejt/ v. zhoršiť sa

determine /di´términ/ v. určiť, rozhodnúť sa

detest /di´test/ v. nenávidieť

detour /dituer/ s. obchôdzka

devastate /´devestejt/ v. spustošiť

develop /di´velep/ v. vyvinúť, vyvolať

development /di´velepment/ s.vývoj,rozvoj

device /di´vajs/ s. zariadenie, plán

devil /´devl/ s. diabol, čert

devote /di´vout/ v. venovať sa, oddať sa

dew /djú/ s. rosa

diabetes /·daje´bítiz/ s. cukrovka

dial /´dajel/ s. ciferník, v. vytočiť
  číslo

dialect /´dajelekt/ s. nárečie

diamond /´dajemend/ s. diamant

diaper /´dajeper/ s. plienka

diary /´dajeri/ s. denník, kalendár

dictate /dik´tejt/ v. diktovať

dictionary /´dikšeneri/ s. slovník

die /daj/ v. zomrieť

diet /´dajet/ s. strava, diéta

difference /´difrens/ s. rozdiel

different /´difrent/ adj. rózny, odlišný

difficult /´difiklt/ adj. ťažký,obťaž-
  ný

difficulty /´difiklti/ s. ťažkosť

dig, dug, dug /dig, dag, dag/ v. kopať

digest /´dajdžest/ v. tráviť,zažívať

dignity /´digniti/ s. dóstojnosť

dill /dil/ s. kópor

dilute /daj´ljút/ v. zriediť

dimension /di´menšn/ s. rozmer

diminish /di´miniš/ v. zmenšiť

dine /dajn/ v. večerať

dining-room /´dajningrum/ s. jedáleň

dinner /´diner/ s. hlavné jedlo dňa

diplomat /´diplemaet/ s. diplomat

direct /di´rekt/ adj. priamy, adv. priamo,
  v. riadiť, namieriť

direction /di´rekšn/ s. riadenie, smer

director /di´rekter/ s.riaditeľ, režisér

directory /di´rektori/ s. telefónny zoz-
  nam, adresár

dirt /dért/ s. špina

dirty /´dérti/ adj. špinavý, nečistý

disabled /dis´ejbld/ adj. invalidný

disadvantage /´dised´vántidž/ s. nevýhoda

disagree /dise´grí/ v. nesúhlasiť

disappear /·dise´pier/ v. zmiznúť

disappoint /·dise´pojnt/ v. sklamať

disaster /di´záster/ s. nešťastie

discard /dis´kárd/ v. odložiť, odhodiť

disclose /dis´klouz/ v. odhaliť

disconnect /·diske´nekt/ v. vypnúť, pre-
  rušiť

discount /´diskaunt/ s. zrážka, zľava

discover /dis´kaver/ v. objaviť,odkryť

discovery /dis´kaveri/ s. objav

discuss /'dis'kas/ v. hovorit', disku-
tovat', rokovat'

discussion /dis'kašn/ s. rozhovor,debata

disease /di'zíz/ s. choroba

disguise /dis'gajz/ s. preoblečenie, za-
maskovanie, v. preobliect' sa

disgust /dis'gast/ s. odpor, v. zhnusit'

dish /diš/ s. misa, jedlo

dismiss /dis'mis/ v. prepustit', roz-
pustit'

disobey /'diso'bej/ v. neposlúchat'

disorder /dis'órder/ s. neporiadok

display /dis'plej/ v. vyložit', vystavit',
prejavit', s. výklad

disposal /dis'pouzl/ s. dispozícia

dispose /dis'pouz/ v. usporiadat',zbavit'
sa, disponovat'

dispute /dis'pjút/ s. spor, hádka

dissolve /di'zolv/ v. rozpustit' /sa/

distance /'distens/ s. vzdialenost'

distinct /dis'tinkt/ adj. odlišný,zre-
tel'ný

distinction /dis'tinkšn/ s. rozdiel, vy-
znamenanie

distinguish /dis'tingwiš/ v. rozlišovat',
vyznamenat' sa

distribute /dis'tribjút/ v. rozdel'ovat'

district /ˈdistrikt/ s. okres, obvod
disturb /disˈtérb/ v. rušiť, vyrušovať
disturbance /disˈtérbens/ s. výtržnosť
ditch /dič/ s. priekopa
dive /dajv/ v. potopiť sa, ponoriť sa
divert /diˈvért/ v. odviesť, rozptýliť
divide /diˈvajd/ v. deliť, rozdeliť sa
divorce /diˈvórs/ s. rozvod
do, did, done /dú, did, dan/ v. robiť,
   činiť, konať
doctor /ˈdoktér/ s. lekár, doktor
dog /dog/ s. pes
doll /dol/ s. bábika
dollar /ˈdolér/ s. dolár
domestic /deˈmestik/ adj. domácí
dominate /ˈdominejt/ v. ovládať, pre-
   vládať
donate /douˈnejt/ v. darovať
donkey /ˈdonki/ s. somár
door /dór/ s. dvere
dope /doup/ s. narkotikum
dormitory /ˈdórmitri/ s. nocľaháreň
dose /dous/ s. dávka
dot /dot/ s. bodka, bod
double /ˈdabl/ adj. dvojitý,dvojnásobný,
   s. dvojnásobok, dvojník
doubt /daut/ s. pochybnosť, v.pochybovať

dough /dou/ s. cesto

dove /dav/ s. holub, holubica

down /daun/ adv. dole, dolu, nadol

doze /douz/ v. driemat'

dozen /'dazn/ s. tucet

drag /draeg/ v. tiahnut', vliect'

drain /drejn/ s. odtok, v. odvodnit'

draught, draft /dráft/ s. t'ah, prievan, skica, dúšok

draw, drew, drawn /dró, drú, drón/ v. t'ahat', vybrat', kreslit', s. remíza

drawer /'dróer/ s. zásuvka

dread /dred/ v. bát' sa, s. strach

dreadful /'dredful/ adj. strašný, hrozný

dream, dreamt, dreamt /drím, dremt, dremt/ v. snit', mat' sen, s. sen

dress /dres/ s. šaty, odev, v. obliect' sa, upravit'

dressmaker /'dres-mejker/ s. krajčírka

drink, drank, drunk /drink, draenk, drank/ v. pit', s. nápoj

drip /drip/ v. kvapkat'

drive, drove, driven /drajv, drouv, drivn/ v. riadit', jazdit', hnat' s. jazda

driver /'drajver/ s. vodič, šofér

drop /drop/ s. kvapka, pokles, v. padat', upustit', prestat'

drown /draun/ v. utopiť sa
drowsy /ˈdrauzi/ adj. ospalý
drug /drag/ s. liek, droga
drum /dram/ s. bubon, v. bubnovať
drunk /drank/ adj. opitý
dry /draj/ adj. suchý, v. sušiť
duck /dak/ s. kačica
due /djú/ adj. splatný, náležitý
dull /dal/ adj. tupý, nudný
dumb /dam/ adj. nemý
dumpling /ˈdampling/ s. knedľa
durable /ˈdjurebl/ adj. trvanlivý
during /ˈdjuering/ prep. v priebehu, za
dust /dast/ s. prach
duty /ˈdjúti/ s. povinnosť, služba,
  poplatok, clo
dwarf /dwórf/ s. trpaslík
dye /daj/ s. farba, v. farbiť

E

each /íč/ pron. každý
eager /ˈíger/ adj. dychtivý, horlivý
eagle /ˈígl/ s. orol
ear /ier/ s. ucho, sluch
early /ˈérli/ adj. skorý, ranný, adv. sko-
ro, zavčas
earn /érn/ v. zarobiť si, zaslúžiť si

ear-ring /ˈiering/ s. náušnica

earth /érS/ s. zem, hlina, svet

earthquake /ˈérSkwejk/ s. zemetrasenie

ease /íz/ s. pohodlie, pokoj, v. ul'avit',
uspokojit'

east /íst/ s. východ, adj. východný

Easter /ˈíster/ s. Vel'ká noc

easy /ˈízi/ adj. nenútený, l'ahký

eat, ate, eaten /ít, ejt, ítn/ v. jest'

echo /ˈekou/ s. ozvena

economy /íˈkonomi/ s. ekonómia, hospo-
dárstvo, hospodárenie

edge /edž/ s. ostrie, hrana, okraj,
v. nabrúsit', olemovat'

edible /ˈedibl/ adj. jedlý

educate /ˈedjukejt/ v. vychovávat', vzde-
lávat

education /ˈedjuˈkejšn/ s. výchova, vzde-
lanie

effect /iˈfekt/ s. účinok, výsledok, do-
jem, v. vykonat'

effective /iˈfektiv/ adj. účinný

efficient /iˈfišnt/ adj. výkonný, zdatný

effort /ˈefert/ s. úsilie, námaha

egg /eg/ s. vajce

egoist /ˈegouist/ s. sebec

eight /ejt/ num. osem

eighteen /'ej'tín/ num. osemnásť

eighty /'ejti/ num. osemdesiat

either /'ajdzer/ adj. jeden alebo druhý,
  obaja

elastic /i'laestik/ s. guma, adj. pružný

elbow /'elbou/ s. lakeť

elect /i'lekt/ v. zvoliť

election /i'lekšn/ s. voľby

electric /i'lektrik/ adj. elektrický

elegant /'elegent/ adj. elegantný, vkusný

element /'element/ s. prvok

elementary /ele'menteri/ adj. základný

elephant /'elefent/ s. slon

elevator /'elevejter/ s. výťah

eleven /i'levn/ num. jedenásť

eliminate /i'liminejt/ v. vylúčiť

else /els/ adj., adv. iný, inde, inak,
  ešte

embankment /im'baenkment/ s. nábrežie

embark /im'bárk/ v. nalodiť sa

embarrass /im'baeres/ v. priviesť do
  rozpakov, zmiasť

embassy /'embesi/ s. velvyslanectvo

emblem /'emblem/ s. znak

embrace /im'brejs/ v. objímať /sa/, ob-
  sahovať

embroider /im'brojder/ v. vyšívať

emerge /i´mérdž/ v. vynorit' sa, obja-
  vit' sa
emergency /i´mérdžensi/ s. nutný prípad
emigrate /´emigrejt/ v. vyst'ahovat' sa
emotion /i´moušn/ s. cit, dojatie
emphasize /´emfesajz/ v. zdôraznit'
empire /´empajer/ s. ríša, cisárstvo
employ /im´ploj/ v. zamestnat', použit'
employee /•emploj´í/ s. zamestnanec
employer /im´plojer/ s. zamestnávatel'
employment /im´plojment/ s. zamestnanie
empty /´empti/ adj. prázdny, v.vyprázdnit'
enable /i´nejbl/ v. umožnit'
encourage /in´karidž/ v. povzbudzovat'
end /end/ s. koniec, v. skončit'
endeavor /in´dever/ s. snaha, v. snažit'
  sa, usilovat'
endure /in´djúer/ v. vydržat', zniest'
enemy /´enemi/ s. nepriatel'
energy /´enerdži/ s. energia, sila
engage /in´gejdž/ v. zamestnat', zasnúbit'
engagement /in´gejdžment/ s. záväzok, za-
  snúbenie, schôdzka
engine /´endžin/ s. stroj, motor, lo-
  komotiva
engineer /´endži´nier/ s. inžinier, tech-
  nik

England /ˈinglend/ s. Anglicko

English /ˈingliš/ adj. anglický, s. angličtina

engrave /inˈgrejv/ v. vyryt', vyrezat'

enhance /inˈháns/ v. zvýšit', zväčšit'

enjoy /inˈdžoj/ v. tešit' sa, mat' potešenie, bavit' sa

enormous /iˈnórmes/ adj. obrovský

enough /iˈnaf/ adv. dost'

enrol /inˈroul/ v. zapísat' /sa/

enter /ˈenter/ v. vstúpit'

enterprise /ˈenterprajz/ s. podnik, podnikanie

entertain /·enterˈtejn/ v. bavit', hostit'

enthusiastic /in·Sjuziˈaestik/ adj. nadšený

entire /inˈtajer/ adj. celý, úplný

entrance /ˈentrens/ s. vchod

entry /ˈentri/ s. vchod, zápis

envelope /ˈenveloup/ s. obálka

envious /ˈenvies/ adj. závistivý

environment /inˈvajerenment/ s. prostredie, okolie

envy /ˈenvi/ s. závist', v. závidiet'

epoch /ˈípok/ s. epocha, obdobie

equal /ˈíkwl/ adj. rovný, rovnaký, v. rovnat' sa

equator /i'kwejter/ s. rovník

equip /i'kwip/ v. vybavit', vystrojit'

era /'iere/ s. éra, vek

erase /i'rejz/ v. vymazat', vyhladit'

erect /i'rekt/ v. vztýčit', vybudovat'

error /'erer/ s. chyba, omyl

escalator /e'skelejter/ s. pohyblivé
  schody

escape /i'skejp/ s. únik, v. uniknúť'

essence /'esns/ s. podstata, výťažok

essential /i'senšl/ adj. podstatný, dô-
  ležitý.

establish /is'taebliš/ v. založiť', zria-
  diť', usadiť' sa

estate /is'tejt/ s. majetok

estimate /'estimet/ s. odhad, v. oceniť',
  odhadnúť'

eternity /i'térniti/ s. večnosť'

Europe /'júrep/ s. Evropa

evacuate /i'vaekjuejt/ v. vysťahovať'

evaluate /i'vaeljuejt/ v. hodnotiť'

evaporate /i'vaeperejt/ v. vypariť' sa

even /'ívn/ adj. rovný, rovnaký, pravi-
  delný, párny, adv. dokonca, ešte

evening /'ívning/ s. večer

event /i'vent/ s. udalosť', prípad

eventual /i'venčuel/ adj. možný, konečný

ever /´ever/ adv. kedy, vždy
every /´evri/ adj. každý
everybody /´evribodi/ pron. každý
everyone /´evriwan/ pron. každý
everything /´evriSing/ pron. všetko
everywhere /´evriweer/ adv. všade
evidence /´evidns/ s. dôkaz, svedectvo
evident /´evidnt/ adj. zrejmý, jasný
evil /´ívl/ adj. zlý, s. zlo
evolution /·íve´lúšn/ s. vývoj
exact /ig´zaekt/ adj. presný, v.vymáhat'
exaggerate /ig´zaedžerejt/ v. preháňat'
examination /ig´zaemi´nejšn/ s. skúška,
  vyšetrenie
examine /ig´zaemin/ v. skúšat',vyšetrovat'
example /ig´zámpl/ s. príklad
excavation /·ekske´vejšn/ s. vykopávka
exceed /ik´síd/ v. prekročit',prevýšit'
excel /ik´sel/ v. vynikat'
excellent /´ekselent/ adj. vynikajúci,
  výborný
except /ik´sept/ prep. okrem, mimo,
  v. vyňat'
exception /ik´sepšn/ s. výnimka
excessive /ik´sesiv/ adj. nadmerný
exchange /iks´čejndž/ s. výmena, burza,
  v. vymenit'

excite /ik'sajt/ v. vzrušit', rozčúlit'

excitement /ik'sajtment/ s. vzrušenie

exclude /iks'klúd/ v. vylúčit'

excursion /iks'kéršn/ s. výlet, exkurzia

excuse /iks'kjúz/ v. prepáčit', ospra-
  vedlnit'

execute /'eksikjút/ v. vykonat', popravit'

exercise /'eksesajz/ s. cvičenie, úloha,
  pohyb, v. cvičit', uplatňovat'

exhaust /ig'zóst/ v. vyčerpat'

exhibition /'eksi'bišn/ s. výstava

exile /'eksajl/ s. vyhnanstvo, exil

exist /ig'zist/ v. byt', existovat'

exit /'eksit/ s. východ

expand /iks'paend/ v. rozšírit', rozpí-
  nat' sa

expect /iks'pekt/ v. očakávat', domnie-
  vat' sa

expedition /'ekspi'dišn/ s. výprava

expel /iks'pel/ v. vyhnat', vylúčit'

expense /iks'pens/ s. útrata

expensive /iks'pensiv/ adj. drahý, ná-
  kladný

experience /iks'piriens/ s. skúsenost',
  zážitok, v. zažit', skúsit'

experiment /iks'periment/ s. pokus

expert /'ekspért/ s. odborník

expire /iks´pajer/ v. uplynúť

explain /iks´plejn/ v. vysvetliť

explanation /´eksple´nejšn/ s. vysvetle-
nie, objasnenie

explore /iks´plór/ v. prebádať

explosion /iks´ploužn/ s. výbuch

export /eks´pórt/ s. vývoz, v. vyvážať

expose /iks´pouz/ v. vystaviť, odhaliť

express /iks´pres/ v. vyjadriť, adj. vý-
slovný, rýchly

expression /iks´prešn/ s. výraz

extend /iks´tend/ v. predlžiť, natiahnuť

external /eks´térnl/ adj. vonkajší

extra /´ekstre/ adj. zvláštny, ďalší

extract /iks´traekt/ s. výťažok, v. vy-
tiahnuť, vybrať

extreme /iks´trím/ adj. krajný, s. kraj-
nosť, extrém

eye /aj/ s. oko, ucho ihly

eyebrow /´ajbrau/ s. obočie

eyeglasses /´ajglásiz/ s. pl. okuliare

eyelashes /´ajlaešiz/ s. pl. mihalnice

F

fabric /´faebrik/ s. tkanina

face /fejs/ s. tvár, líce, v. čeliť čomu

fact /faekt/ s. fakt, skutočnosť

factory /ˈfaekteri/ s. továreň

faculty /ˈfaekelti/ s. schopnosť, fakulta

fade /fejd/ v. vädnúť, blednúť, miznúť

fail /fejl/ v. chýbať, nestačiť, zlyhať, prepadnúť

failure /fejljer/ s. neúspech, zlyhanie

faint /fejnt/ adj. slabý, mdlý, v. zamdlieť

fair /feer/ adj. pekný, spravodlivý, slušný, svetlý, s. trh, veľtrh

fairy /ˈfeeri/ s. víla, rozprávka

faith /fejS/ s. viera, dôvera

faithful /ˈfejSful/ adj. verný

fake /fejk/ v. falšovať, s. podvod

falcon /ˈfólken/ s. sokol

fall, fell, fallen /fól, fel, fólen/ v. padať, upadať, pripadnúť, s. pád, jeseň

false /fóls/ adj. klamný, nesprávny, falošný

fame /fejm/ s. sláva, povesť

familiar /feˈmiljer/ adj. známy, dôverný, oboznámený

family /ˈfaemili/ s. rodina

famine /ˈfaemin/ s. hlad, hladomor

famous /ˈfejmes/ adj. slávny

fan /faen/ s. vejár, ventilátor, nadšenec

fancy /ˈfaensi/ s. fantázia, predstava,
  záľuba, adj. módny
far /fár/ adv. ďaleko, adj. vzdialený
fare /feer/ s. cestovné, strava
farm /fárm/ hospodárstvo, farma, v. ob-
  rábať
fascinate /ˈfaesinejt/ v. okúzliť
fashion /ˈfaešn/ s. móda
fast /fást/ adj. pevný, rýchly, s. pôst
fasten /ˈfásn/ v. upevniť, zatvárať
fat /faet/ adj. tlstý, tučný, úrodný,
  s. tuk, masť
fate /fejt/ s. osud, zánik
father /ˈfádzer/ s. otec
father-in-law /ˈfádzerinló/ s. svokor
fatigue /feˈtíg/ s. únava, v. unaviť
fault /fólt/ s. chyba, vina
favor /ˈfejver/ s. priazeň, láskavosť,
  prospech
favorite /ˈfejverit/ adj. obľúbený
fear /fier/ s. strach, v. báť sa
feast /físt/ s. slávnosť, hody, v. ho-
  dovať
feather /ˈfedzer/ s. pero, perie
feature /ˈfíčer/ črta, vlastnosť
February /ˈfebrueri/ s. február
fee /fí/ s. honorár, poplatok

feed, fed, fed /fíd, fed, fed/ v. kŕmit',
  živit', pást' sa, zásobovat'
feel, felt, felt /fíl, felt, felt/ v.
  cítit' sa, mat' súcit, mat' dojem
feeling /'fíling/ s. pocit, cítenie
fellow /'felou/ s. druh, kamarát
female /'fímejl/ s. žena, samička
feminine /'feminin/ adj. ženský
fence /fens/ s. plot, šerm, v. oplotit',
  šermovat'
ferry /'feri/ s. prevoz, v. previezt' sa
fertile /'fértajl/ adj. úrodný, plodný
fetch /feč/ v. priniest'
fever /'fíver/ s. horúčka
few /fjú/ adj., pron. málo, niekol'ko
fiancé /fi'ánsej/ s. snúbenec
fiancée /fi'ánsej/ s. snúbenica
fibre /'fajber/ s. vlákno
fidelity /fi'deliti/ s. vernost'
field /fíld/ s. pole, oblast'
fifteen /'fiftín/ num. pätnást'
fifty /'fifti/ num. pät'desiat
fight, fought, fought /fajt, fót, fót/ v.
  bojovat', zápasit', s. zápas, boj
figure /'figer/ s. číslica, postava, ce-
  na, v. predstavit' si, vypočítat'
file /fajl/ s. zoznam, pilník, v. zaradit'

fill /fil/ v. naplnit', vyplnit'

filth /filS/ s. špina

final /´fajnl/ adj. konečný, záverečný,
  s. finále

find, found, found /fajnd, faund, faund/
  v. nájst', nachádzat', objavit'

fine /fajn/ adj. jemný, pekný, vybraný,
  s. pokuta

finger /´fingₑr/ s. prst

finish /´finiš/ v. dokončit', s. koniec

fire /fajₑr/ s. oheň, požiar, v. podpá-
  lit', vystrelit', prepustit'

fireman /´fajₑrmₑn/ s. požiarnik

firm /fērm/ adj. pevný, s. firma, podnik

first /fērst/ adj. prvý, adv. najprv

fish /fiš/ s. ryba, v. rybárit'

fist /fist/ s. päst'

fit /fit/ s. záchvat, adj. vhodný, schop-
  ný, v. hodit' sa, upravit', padnút'

five /fajv/ num. pät'

fix /fiks/ v. upevnit', upravit', stanovit'

flag /flaeg/ s. vlajka

flame /flejm/ s. plameň, v. plápolat'

flash /flaeš/ s. zablysnutie, v. vyžaro-
  vat', objavit' sa

flashlight /´flaešlajt/ s. baterka

flat /flaet/ adj. plochý, rovný, s. byt,
  rovina

flatter /ˈflaet̲e̲r/ v. lichotiť
flavor /ˈflejve̲r/ s. chuť, v. okoreniť
flea /flí/ s. blcha
flee, fled, fled /flí, fled, fled/ v.
  utiecť, ujsť
flesh /fleš/ s. telo, /živé/ mäso
flexible /ˈfleks̲e̲bl/ adj. ohybný, pružný
flight /flajt/ s. let, útek
float /flout/ v. vznášať sa, plávať
flood /flad/ s. záplava, povodeň, v. za-
  plaviť
floor /flór/ s. dlážka, poschodie
florist's /ˈflorists/ s. kvetinárstvo
flour /ˈflaue̲r/ s. múka
flourish /ˈflariš/ v. prosperovať
flow /flou/ v. tiecť, s. prúd, tok
flower /ˈflaue̲r/ s. kvet, kvetina, v.
  kvitnúť
flu /flú/ s. chrípka
fluent /ˈflúe̲nt/ adj. plynulý
fluid /ˈflújd/ s. tekutina, adj. tekutý
fly, flew, flown /flaj, flu, floun/ v.
  letieť, utiecť, s. mucha
foam /foum/ s. pena
fog /fog/ s. hmla
fold /fould/ s. záhyb, v. zložiť
folk /fouk/ s. ľud, národ

follow /ˈfolou/ v. nasledovat', sledo-
  vat', chápat'
fond /fond/ adj. nežný, láskavý, mat' rád
food /fúd/ s. jedlo, potrava
fool /fúl/ s. hlupák, blázon, šašo, v. o-
  šudit', žartovat'
foot /fut/ s. noha, chodidlo, stopa, ú-
  pätie
footstep /ˈfutstep/ s. krok, šl'apaj
footwear /ˈfutweer/ s. obuv
for /fór/ prep. pre, za, do, k, na, po
forbid, forbade, forbidden /ferˈbid,
  ferˈbejd, ferˈbidn/ v. zakázat'
force /fós/ s. sila, moc, v. nutit'
forecast /ˈfórkást/ s. predpoveď'
forehead /ˈforid/ s. čelo
foreign /ˈforin/ adj. cudzí, zahraničný
foreigner /ˈforiner/ s. cudzinec
forest /ˈforist/ s. les
forgery /ˈfódžeri/ s. falzifikát
forget, forgot, forgotten /ferˈget,
  ferˈgot, ferˈgotn/ v. zabudnúť'
forgive, forgave, forgiven /ferˈgiv,
  ferˈgejv, ferˈgivn/ v. odpustit'
fork /fók/ s. vidlička, vidly, v. roz-
  vetvovat' sa

form /fórm/ s. tvar, forma, formulár,
  spôsob, v. tvorit', formulovat'
former /'fórmer/ adj. prvší, predošlý
fort /fórt/ s. pevnost'
fortify /'fórtifaj/ v. opevnit',posilnit'
fortunate /'fórčenit/ adj. št'astný
fortune /'fórčn/ s. št'astie, osud, bo-
  hatstvo
forty /'fórti/ num. štyridsat'
forward /'fórwed/ adj. predný, pokrokový,
  adv. vpredu, vpred, v. zaslat'
foul /faul/ adj. špinavý, hnusný, nečistý
foundation /faun'dejšn/ s. základ
fountain /'fauntin/ s. prameň
four /fór/ num. štyri
fourteen /'fór'tín/ num. štrnást'
fox /foks/ s. líška
fragile /'fraedžajl/ adj. krehký
fragment /'fraegment/ s. zlomok, úlomok
frame /frejm/ s. rám, konštrukcia, rad,
  v. utvárat', falošne obvinit', zarámovat'
frank /fraenk/ adj. úprimný
fraud /fród/ s. podvod, podvodník
freckle /'frekl/ s. peha
free /frí/ adj. slobodný, vol'ný, bez-
  platný, v. oslobodit'
freedom /'frídem/ s. sloboda

freeze, froze, frozen /fríz, frouz, frouzn/ v. mrznúť, zmraziť

frequent /´fríkwent/ adj. častý, bežný

fresh /freš/ adj. čerstvý, svieži, nový

Friday /´frajdi/ s. piatok

fridge /´fridž/ s. chladnička

friend /frend/ s. priateľ/ka, známy

friendship /´frendšip/ s. priateľstvo

frighten /´frajtn/ v. naľakať sa

frog /frog/ s. žaba

from /from/ prep. od, z

front /frant/ s. čelo, priečelie, adj. predný

frost /frost/ s. mráz

frown /fraun/ v. mračiť sa

fruit /frút/ s. ovocie

frustrate /fras´trejt/ v. sklamať

fry /fraj/ v. smažiť

frying-pan /´frajing paen/ s. panvica

fuel /fjuel/ s. palivo, pohonná látka

fugitive /´fjúdžitiv/ s. utečenec

fulfil /ful´fil/ v. splniť, vykonať

full /ful/ adj. plný

fun /fan/ s. žart, zábava

function /´fankšn/ s. funkcia, činnosť, úrad

fund /fand/ s. fond, zásoba

funeral /ˈfjúnerl/ s. pohreb

funny /ˈfani/ adj. komický, zábavný, podivný

fur /fér/ s. kožušina

furious /ˈfjueries/ adj. zúrivý, divý

furnish /ˈférniš/ v. opatrit', zariadit'

furniture /ˈférničer/ s. nábytok

further /ˈfédzer/ ad. d'alej, okrem toho, adj. vzdialenejší, d'alší

fuss /fas/ s. zbytočný rozruch

future /ˈfjúčer/ s. budúcnost', adj. budúci

G

gain /gejn/ s. zisk, v. získat',vyhrat'

gall /gól/ s. žlč

gallery /ˈgaeleri/ s. galéria

gallon /ˈgaelen/ s. galón

gallows /ˈgaelouz/ s. šibenica

gamble /ˈgaembl/ s. hazard

gambler /ˈgaembler/ s. hráč

game /gejm/ s. hra, zverina

gang /gaeng/ s. banda, oddiel

gap /gaep/ s. medzera, otvor

garage /ˈgaeráž/ s. garáž

garbage /ˈgárbidž/ s. odpadky

garden /ˈgárdn/ s. záhrada

gardener /ˈgárdner/ s. záhradník
garlic /ˈgárlik/ s. cesnak
gas /gaes/ s. plyn, benzín
gate /gejt/ s. brána, vráta
gather /ˈgaedzer/ v. zhromaždiť /sa/,
  zbierať, rozumieť
gay /gej/ adj. veselý
gaze /gejz/ s. pohľad, v. uprene hľa-
  dieť
gear /gier/ s. chod, rýchlostná páka
gem /džem/ s. drahokam
general /ˈdženerl/ adj. všeobecný, hlav-
  ný, s. generál
generation /ˌdženeˈrejšn/ s. pokolenie,
  generácia
generous /ˈdženeres/ adj. ušľachtilý,
  štedrý
gentle /ˈdžentl/ adj. jemný, láskavý
gentleman /ˈdžentlmen/ s. pán
genuine /ˈdženjuin/ adj. pravý,originálny
germ /džérm/ s. zárodok, mikrób
gesture /ˈdžesčer/ s. gesto
get, got, got /gotten/ /get, got, got,
  /gotn/ v. dostať, obstarať, mať
get in /ˈgetˈin/ v. vstúpiť
get out /ˈgetˈaut/ v. vystúpiť
get up /ˈgetˈap/ v. vstať

ghost /goust/ s. duch, strašidlo
giant /'džajent/ s. obor, adj. obrovský
gift /gift/ s. dar, nadanie
ginger /'džindžer/ s. zázvor
gipsy /'džipsi/ s. cigán/ka
girl /gérl/ s. dievča
give, gave, given /giv, gejv, givn/ v.
  dat', podat', venovat'
give in /'giv'in/ v. ustúpit', povolit'
give up /'giv'ap/ v. vzdat' sa
glad /glaed/ adj. potešený, rád
glamorous /'glaemeres/ ad, okúzl'ujúci
glance /gláns/ s. pohl'ad, v. pozriet'
gland /glaend/ s. žl'aza
glass /glás/ s. sklo, sklenica
glasses /'glásiz/ s.pl. okuliare
glitter /'gliter/ s. lesk, v. lesknút' sa
globe /gloub/ s. zemegul'a
gloomy /'glúmi/ adj. temný, chmúrny
glorious /'glóries/ adj. slávny, nádherný
glory /'glóri/ s. sláva, nádhera
glove /glav/ s. rukavica
glow /glou/ s. žiara, v. sálat'
glue /glú/ s. glej, lepidlo, v. lepit'
go, went, gone /gou, went, gon/ v. íst',
  chodit', cestovat', odíst'
go on /'gou'on/ v. pokračovat'

go out /ˈgouˈaut/ v. íst' von, zhasnút'

goal /goul/ s. cieľ', gól

goat /gout/ s. koza

god /god/ s. boh

gold /gould/ s. zlato, adj. zlatý

golden /ˈgouldn/ adj. zlatý

good /gud/ adj. dobrý, láskavý, s. dobro, prospech

good-bye /gudˈbaj/ int. zbohom

goods /gudz/ s.pl. tovar

goose /gúːs/ s. hus

gooseberry /ˈguzberi/ s. egreš

gorgeous /ˈgóːrdžes/ adj. nádherný

gossip /ˈgosip/ s. klebeta, v. klebetiť'

govern /ˈgavern/ v. vládnuť', riadiť'

government /ˈgavernment/ s. vláda

gown /gaun/ s. šat, župan

grab /graeb/ v. uchopiť'

grace /grejs/ s. pôvab, ľ'úbeznosť'

grade /grejd/ s. stupeň, trieda

gradual /ˈgraedjuel/ adj. postupný

graduation /graedjuˈejšn/ s. promócia

grain /grejn/ s. zrno, obilie

grand /graend/ adj. veľký, skvelý

grandchild /ˈgraenčajld/ s. vnúča

grand-daughter /ˈgraendóter/ s. vnučka

grandfather /ˈgraenfáːdzer/ s. starý otec

grandmother /ˈgraenmadzer/ s. stará matka

grandson /ˈgraensan/ s. vnuk

grant /graent/ s. dotácia, v. vyhoviet',
  poskytnút'

grape /grejp/ s. hrozno

grasp /grásp/ v. uchopit', pochopit'

grass /grás/ s. tráva

grate /grejt/ s. rošt, v. strúhat'

grateful /ˈgrejtful/ adj. vd'ačný

grave /grejv/ s. hrob, adj. dôstojný

gravy /ˈgrejvi/ s. št'ava, omáčka

gray/grey /grej/ adj. šedivý, šedý

grease /grís/ s. tuk, mast', mazadlo,
  v. namazat'

great /grejt/ adj. vel'ký, významný

greedy /ˈgrídi/ adj. hladný, nenásytný

green /grín/ adj. zelený

greet /grít/ v. pozdravit'

greeting /ˈgríting/ s. pozdrav

grief /gríf/ s. zármutok, žial'

grill /gril/ s. ražeň

grin /grin/ s. úškl'abok, v. škerit' sa

grind, ground, ground /grajnd, graund,
  graund/ v. mliet', brúsit', škrípat'

grocery /ˈgrouseri/ s. obchod s potra-
  vinami

ground /graund/ s. pôda, zem, podklad,
  dôvod

group /grúp/ s. skupina
grow, grew, grown /grou, gru, groun/ v.
 rást', stat' sa, pestovat'
grown-up /ˈgrounap/ adj. dospelý
guarantee /ˌgaerenˈtí/ s. záruka, ručenie,
 v. ručit'
guard /gárd/ s. stráž, dozorca, v. strá-
 žit', chránit'
guess /ges/ s. dohad, v. hádat', tušit',
 domnievat' sa
guest /gest/ s. host'
guide /gajd/ s. vodca, sprievodca, v.ria-
 dit', viest'
guilt /gilt/ s. vina
guilty /gilti/ adj. vinný
gum /gam/ s. guma, d'asno
gun /gan/ s. puška, revolver
gurgle /ˈgérgl/ s. kloktat', bublat'
guts /gats/ s. pl. črevá, odvaha
guy /gaj/ s. chlapík
gymnasium /džimˈnejzjem/ s. telocvična

H

habit /ˈhaebit/ s. zvyk
hair /heer/ s. vlas/y, chlp, srst'
hairdresser /ˈheerˌdreser/s. kaderník
half /háf/ s. polovica, adj. polovičný

hall /hól/ s. sála, hala, predizba
hallo /he'lou/ int. servus
ham /haem/ s. šunka
hammer /'haemer/ s. kladivo, v. tĺct',
  búšit'
hand /haend/ s. ruka, ručička, v. podat'
hand-bag /'haendbaeg/ s. kabelka
handicap /'haendikaep/ s. nevýhoda,
  v. poškodit'
handkerchief /'haenkerčíf/ s. vreckovka
handle /'haendl/ s. rukovät', držadlo,
  v. dotýkat' sa, zachádzat' s,manipulovat'
handsome /'haensem/ adj. pekný
handy /'haendi/ adj. obratný, vhodný
hang, hung, hung /haeng, hang, hang/ v.
  zavesit', visiet', obesit'
hanger /'haener/ s. vešiak
happen /'haepn/ v. stat' sa, prihodit' sa
happiness /'haepinis/ s. št'astie
happy /'haepi/ adj. št'astný
harbor /'hárber/ s. prístav, v. chránit'
hard /hárd/ adj. tvrdý, prísny, t'ažký
hare /heer/ s. zajac
harm /hárm/ s. škoda, zlo, v. poškodit'
harvest /'hárvist/ s. žatva
hat /haet/ s. klobúk
hate /hejt/ v. nenávidiet'

hatred /´hejtrid/ s. nenávisť

haunt /hónt/ v. prenasledovať, strašiť

have, had, had /haev, haed, haed/ v.
  mať, dostať, vziať si, musieť

hay /hej/ s. seno

he /hí/ s. on

head /hed/ s. hlava, vedúci, v. viesť

headache /´hedejk/ s. bolesť hlavy

heal /híl/ v. liečiť, zahojiť sa

health /helS/ s. zdravie

healthy /´helSi/ adj. zdravý

hear, heard, heard /hier, hérd, hérd/ v.
  počuť, dozvedieť sa

hearing /´hiering/ s. sluch, výsluch

heart /hárt/ s. srdce

heat /hít/ s. teplo, žiar, v. kúriť

heating /´híting/ s. kúrenie

heaven /´hevn/ s. nebo, nebesá

heavy /´hevi/ adj. ťažký, silný

heel /híl/ s. päta, opätok

heith /hajt/ s. výška

heir /eer/ s. dedič

hell /hel/ s. peklo

help /help/ s. pomoc, v. pomôcť, poslú-
  žiť, pomáhať

hen /hen/ s. sliepka

her /hér/ pron. ju, jej

herb /hérb/ s. bylina

here /hier/ adv. tu, sem

heredity /hi'rediti/ s. dedičnosť

heritage /'heritidž/ s. dedičstvo, odkaz

hero /hierou/ s. hrdina

herself /hér'self/ pron. sama, sa

hesitate /'he zitejt/ v. váhať, zdráhať sa

hide, hid, hidden /hajd, hid, hidn/ v.
  skryť sa, zatajiť

high /haj/ adj. vysoký, adv. vysoko

high school /haj'skúl/ s. stredná škola

hill /hil/ s. kopec, vrch

him /him/ pron. ho, jemu

himself /him'self/ pron. sám, sa

hint /hint/ s. pokyn, narážka, v. nazna-
  čovať

hip /hip/ s. bok

hire /'hajer/ s. nájom, v. prenajať si

his /hiz/ pron. jeho

history /'histori/ s. dejepis, história

hit, hit, hit /hit, hit, hit/ v. udrieť,
  zasiahnuť, s. úder, zásah

hive /hajv/ s. úľ

hobby /'hobi/ s. záľuba, koníček

hold, held, held /hould, held, held/ v.
  držať, zadržať, obsahovať, vydržať

hole /houl/ s. diera, otvor

holiday /ˈholedej/ s. sviatok, dovolenka
hollow /holou/ adj. dutý, s. dutina
holy /houli/ adj. svätý
home /houm/ s. domov, dom, adv. doma
honest /ˈonist/ adj. čestný, poctivý
honey /ˈhani/ s. med, /miláčik/
honeymoon /ˈhanimún/ s. svadobná cesta
honor /ˈoner/ s. česť, pocta, v. poctiť
hoof /húf/ s. kopyto
hook /huk/ s. hák, v. zahákovať, zopnúť
hope /houp/ s. nádej, v. dúfať
horrible /ˈhoribl/ adj. hrozný, strašný
horror /ˈhorer/ s. hrôza
horse /hórs/ s. kôň
horse-radish /ˈhórsˈraediš/ s. chren
horseshoe /ˈhórsšú/ s. podkova
hose /houz/ s. hadica, pančucha
hospital /ˈhospitl/ s. nemocnica
hospitality /ˈhospiˈtaeliti/ s. pohos-
   tinnosť
hostage /ˈhostidž/ s. rukojemník
hostel /ˈhostl/ s. nocľaháreň
hostess /ˈhoustis/ s. hostiteľka
hostile /ˈhostajl/ adj. nepriateľský
hot /hot/ adj. horúci
hotel /houˈtel/ s. hotel
hour /ˈauer/ s. hodina

house /haus/ s. dom, snemovňa, v.bývat'
household /'haushould/ s. domácnost'
housewife /'hauswajf/ s. gazdiná
how /hau/ adv. ako, kol'ko
however /hau'ever/ conj. akokol'vek, ale
hug /hag/ s. objatie, v. objat'
huge /hjúdž/ adj. obrovský
human /'hjúmen/ adj. l'udský
humid /'hjúmid/ adj. vlhký
humiliate /hju'miliejt/ v. ponížit'
humor /'hjúmer/ s. humor, nálada
hundred /'handred/ num. sto
hunger /'hanger/ s. hlad, v. hladovat'
hungry /'hangri/ adj. hladný
hunt /hant/ s. pol'ovačka, v. pol'ovat',
  zháňat'
hurry /'hari/ v. ponáhl'at' sa
hurt, hurt, hurt /hért, hért, hért/ v.
  poranit', ublížit'
husband /'hazbend/ s. manžel
hut /hat/ s. búda, chata
hypocrite /'hipekrit/ s. pokrytec

                    I

I /aj/ pron. ja
ice /ajs/ s. l'ad
ice-cream /'ajskrím/ s. zmrzlina

idea /aj´die/ s. pojem, myšlienka, nápad, predstava

ideal /aj´diel/ adj. ideálny, s. vzor, ideál

identical /aj´dentikl/ adj. totožný

idle /´ajdl/ adj. nečinný, lenivý

if /if/ conj. ak, či, keby

ignorant /´ignerent/ adj. nevedomý

ignore /ig´nór/ v. ignorovať

ill /il/ adj. chorý, zlý, v. ochorieť

illegal /i´lígl/ adj. nezákonný, ilegálny

illness /´ilnis/ s. choroba

image /´imidž/ s. obraz, prirovnanie

imagine /i´maedžin/ v. predstaviť si

imitate /´imitejt/ v. napodobiť

immediately /i´mídjetli/ adv. ihneď, okamžite

immigrant /´imigrent/ s. prisťahovalec

immoral /i´morl/ adj. nemravný

immortal /i´mórtl/ adj. nesmrteľný

impact /´impaekt/ s. náraz

impatient /im´pejšnt/ adj. netrpezlivý

imperfect /im´pérfikt/ adj. nedokonalý

implore /im´plór/ v. prosiť

impolite /impe´lajt/ adj. nezdvorilý

import /´impórt/ s. dovoz, v. dovážať

important /im´pórtent/ adj. dôležitý, významný

impossible /im'posebl/ adj. nemožný

impression /im'prešn/ dojem, výtlačok

impressive /im'presiv/ adj. pôsobivý

improper /im'proper/ adj. nevhodný, neslušný

improve /im'prúv/ v. zlepšiť',zdokonaliť'

improvement /im'prúvment/ s. zlepšenie

impulse /'impals/ s. podnet, impulz

in /in/ prep. v, do, za

inaccurate /in'aekjurit/ adj. nepresný

inadequate /in'aedekwet/ adj. nedostatočný

inch /inč/ s. palec, cól

incident /'insident/ s. udalosť',prípad

incline /in'klajn/ v. nakloniť' sa, skloniť' sa

include /in'klúd/ v. zahrnúť',obsahovať'

including /in'klúding/ prep. včítane

income /'inkam/ s. príjem, plat

incompetent /in'kompetent/ adj. neschopný

incomplete /·inkem'plít/ adj. neúplný

inconvenient /·inken'vínjent/ adj. nevhodný, nevýhodný

incorrect /·inke'rekt/ adj. nesprávny

increase /in'krís/ v. zvýšiť', zväčšiť', s. zvýšenie, prírastok

incredible /in'kredebl/ adj. neuveriteľ'ný

indecent /in'dísnt/ adj. neslušný

indeed /in'díd/ adv. naozaj, skutočne

indefinite /in'definit/ adj. neurčitý

independence /·indi'pendens/ s. nezávislosť, samostatnosť

independent /·indi'pendent/ adj. samostatný, nezávislý

indicate /'indikejt/ v. ukázať, označiť

indifferent /in'difrent/ adj. l'ahostajný

individual /'indi'vidjuel/ adj. jednotlivý, osobitý, s. jednotlivec

indoors /'in'dórz/ adv. vnútri, doma

industry /'industri/ s. priemysel

inedible /in'edibl/ adj. nepožívateľný

inevitable /in'evitebl/ adj. nevyhnutný

infant /'infent/ s. dieťa

infection /in'fekšn/ s. nákaza

inferior /in'firier/ adj. nižší, horší

influence /'influens/ s. vplyv

inform /in'fórm/ v. informovať, oznámiť, udať/koho/

informal /in'fórml/ adj. neformálny

informer /in'fórmer/ s. udavač

inhabitant /in'haebitent/ s. obyvateľ

inherit /in'herit/ v. zdediť

injection /in'džekšn/ s. injekcia

injure /'indžer/ v. poraniť, poškodiť

injury /ˈindžeri/ s. zranenie, krivda
ink /ink/ s. atrament
inn /in/ s. hostinec
inner /ˈiner/ adj. vnútorný
innocent /ˈinesnt/ adj. nevinný
inquire /inˈkwajer/ v. pýtat' sa, infor-
  movat' sa
insane /inˈsejn/ adj. šialený
insect /ˈinsekt/ s. hmyz
insert /inˈsért/ v. vložit', vsunút'
inside /inˈsajd/ s. vnútro, adj. vnútorný
insist /inˈsist/ v. naliehat', trvat' na
inspect /inˈspekt/ v. prezerat', kontro-
  lovat'
inspection /inˈspekšn/ s. prehliadka,dozor
instant /ˈinstent/ s. okamih, adj. oka-
  mžitý, /hned'/
instead /inˈsted/ adv. miesto toho
instinct /ˈinstinkt/ s. pud, inštinkt
instruct /inˈstrakt/ v. učit', dát' pokyn
instrument /ˈinstrument/ s. nástroj
insult /ˈinsalt/ s. urážka
insurance /inˈšuerens/ s. poistenie
intelligent /inˈtelidžent/ adj. inteli-
  gentný, múdry
intend /inˈtend/ v. zamýšl'at'
intense /inˈtens/ adj. prudký, silný

intention /in'tenšn/ s. úmysel, zámer

interest /'interist/ s. záujem, úroky,
  v. zaujímat' sa

interesting /'intristing/ adj. zaujímavý

interfere /·inter'fier/ v. zasahovat' do,
  prekážat'

interior /in'tirier/ s. vnútro, adj. vnú-
  torný

intermission /·inter'mišn/ s. prestávka

international /·inter'naešenl/ adj. medzi-
  národný

interpret /in'térprit/ v. vykladat', tl-
  močit'

interrogate /in'teregejt/ v. vypočúvat'

interrupt /·inte'rapt/ v. prerušit'

interval /'intervel/ s. prestávka, me-
  dzera, interval

intervene /·inter'vín/ v. zakročit'

intimate /'intimit/ adj. dôverný, intímny

intimidate /in'timidejt/ v. zastrašit'

into /'intu/ prep. do

intolerable /in'tolerebl/ adj. nezne-
  sitel'ný

intoxicate /in'toksikejt/ v. opit', opojit'

introduce /·intre'djús/ v. uviest', pred-
  stavit'

invade /in'vejd/ v. vpadnút', postihnút'

invalid /ˈinvelíd/ s. invalid, adj. ne-
  platný
invasion /inˈvejžn/ s. vpád, invázia
invent /inˈvent/ v. vynájsť
invention /inˈvenšn/ s. vynález
invest /inˈvest/ v. investovať
investigate /inˈvestigejt/ v. vyšetrovať,
  pátrať
invitation /ˌinviˈtejšn/ s. pozvanie
invite /inˈvajt/ v. pozvať, vyzvať
involve /inˈvolv/ v. zahrnovať, zapliesť
  sa, týkať sa
iron /ˈajren/ s. železo, žehlička, adj.
  železný, pevný
irregular /iˈregjuler/ adj. nepravidelný
irrelevant /iˈrelivent/ adj. bezvýznamný
irresponsible /ˌirisˈponsebl/ adj. ne-
  zodpovedný
irritate /ˈiritejt/ v. dráždiť
is /iz/ v. je
island /ˈajlend/ s. ostrov
isolate /ˈajselejt/ v. odlúčiť, izolovať
issue /ˈišú, ˈisjú/ s. vydanie, číslo,
  sporná otázka, v. vyjsť, vydať
it /it/ pron. ono, to
itch /ič/ v. svrbieť
item /ˈajtem/ s. položka, bod, článok

its /its/ pron. jeho
itself /it´self/ pron. samo, sa
ivory /´ajv̱eri/ s. slonovina

J

jacket /´džaekit/ s. sako, kabát
jail /džejl/ s. žalár
jam /džaem/ s. zaváranina, tlačenica,
  v. vtlačit', zapchat'
January /´džaenju̱eri/ s. január
jaw /džǒ/ s. čel'ust', d'asno
jealous /´džeḻes/ adj. žiarlivý
jelly /´dželi/ s. želé, rôsol
Jew /džǔ/ s. žid
jewel /´džúe̱l/ s. klenot, šperk
job /džob/ s. práca, úloha, zamestnanie
jog /džog/ v. klusat'
join /džojn/ v. spojit', pripojit' sa,
  vstúpit' do
joint /džojnt/ adj. spoločný, s. kĺb,
  spojenie
joke /džouk/ s. vtip, žart, v.žartovat'
journalist /´dẕ̌érnelist/ s. novinár
journey /´džérni/ s. cesta
joy /džoj/ s. radost'
juge /džadž/ s. sudca, rozhodca, v. sú-
  dit', posudzovat'

judgment /ˈdžadžmənt/ s. rozsudok, úsudok
jug /džag/ s. krčah
juice /džús/ s. šťava
July /džuˈlaj/ s. júl
jump /džamp/ v. skočiť, skákať, s. skok
jumper /ˈdžampər/ s. pulóver, blúzka
junction /ˈdžankšn/ s. križovatka, spojenie
June /džún/ s. jún
junior /ˈdžúnjer/ adj. mladší
jury /ˈdžueri/ s. porota
just /džast/ adj. spravodlivý, adv. práve,
  len
justice /ˈdžastis/ s. spravodlivosť,
  právo, sudca

K

keen /kín/ adj. prudký, silný, dychtivý
keep, kept, kept /kíp, kept, kept/ v.
  držať, zachovávať, nechať si
kettle /ketl/ s. kotlík, kanvica
key /kí/ s. kľúč, kláves
kick /kik/ v. kopnúť, kopať
kid /kid/ s. kozliatko, dieťa
kidnap /ˈkidnaep/ v. uniesť
kidney /ˈkidni/ s. oblička
kill /kil/ v. zabiť
kind /kajnd/ adj. láskavý, s. druh, rod,
  akosť

king /king/ s. kráľ
kiss /kis/ s. bozk, v. bozkať
kitchen /'kičin/ s. kuchyňa
kitten /'kitn/ s. mačiatko
knee /ní/ s. koleno
kneel, knelt, knelt /níl, nelt, nelt/ v.
  kľaknúť si
knife /najf/ s. nôž
knight /najt/ s. rytier
knit /nit/ v. pliesť
knob /nob/ s. gombík
knock /nok/ v. klopať, zrazit', s. za-
  klopanie, úder
knot /not/ s. uzol
know, knew, known /nou, njú, noun/ v.
  vedieť, poznať
knowledge /'nolidž/ s. znalosť, vedomosť

                    L

label /'lejbl/ s. nálepka, v. označiť
labor /'lejber/ s. práca, námaha, v. pra-
  covať, namáhať sa
lace /lejs/ s. čipka, šnúrka
lack /laek/ s. nedostatok, v. postrádať
ladder /'laeder/ s. rebrík
ladle /'lejdl/ s. naberačka, v. naberať
lady /lejdi/ s. dáma, pani

lake /lejk/ s. jazero

lamb /laem/ s. jahňa, baranček

lamp /laemp/ s. lampa

land /laend/ s. zem, pôda, pevnina, kraj, v. pristáť

landlady /'laendlejdi/ s. domáca pani

lane /lejn/ s. ulička, cesta, pruh

language /laengwidž/ s. reč, jazyk

lap /laep/ s. lono, úsek

large /lárdž/ adj. veľký, objemný

lark /lárk/ s. škovránok

lash /laeš/ v. švihnúť, bičovať

last /lást/ adj. posledný, minulý, v. vydržať, trvať

late /lejt/ adj. neskorý, oneskorený, bývalý, zosnulý, adv. neskoro

lately /'lejtli/ adv. nedávno

later /'lejter/ adj. neskorší, adv. neskoršie

lather /'ládzer/ s. mydlová pena, v. mydliť, peniť

latitude /'laetitjúd/ s. zemepisná šírka

latter /'laeter/ adj. neskorší, druhý

laugh /láf/ s. smiech, v. smiať sa

laughter /'láfter/ s. smiech

laundry /'lóndri/ s. práčovňa, bielizeň

lavatory /'laeveteri/ s. umyváreň, záchod

law /ló/ s. zákon

lawn /lón/ s. trávnik

lawyer /ˈlójer/ s. právnik, advokát

lay, laid, laid /lej, lejd, lejd/ v.
 položiť, klásť

layer /ˈlejer/ s. vrstva

lazy /ˈlejzi/ adj. lenivý

lead, led, led /líd, led, led/ v. viesť,
 s. vedenie

leader /ˈlíder/ s. vodca

leaf /líf/ s. list

leak /lík/ s. štrbina, v. tiecť, prezra-
 diť

lean, leant, leant /lín, lent, lent/ v.
 nakláňať sa, opierať sa, spoliehať sa

lean /lín/ adj. chudý

leap, leapt, leapt /líp, lept, lept/ v.
 skákať s. skok

learn, learnt, learnt /lérn, lérnt, lérnt/
 v. učiť sa, dozvedieť sa

lease /lís/ s. /pre/nájom, v. prenajať

least /líst/ adj. najmenší, adv. aspoň

leather /ˈledzer/ s. koža, adj. kožený

leave, left, left /lív, left, left/ v.
 nechať, opustiť, odísť, odcestovať,
 s. dovolenka, rozlúčenie

lecture /ˈlekčer/ s. prednáška

leek /lík/ s. pór
left /left/ adj. ľavý, adv. vľavo
leg /leg/ s. noha
legal /´lígl/ adj. zákonný, právny
legitimate /li´džitimit/ adj. zákonitý
leisure /´ležer/ s. voľný čas, pohodlie
lemon /´lemen/ s. citrón
lemonade /·leme´nejd/ s. limonáda
lend, lent, lent /lend, lent, lent/ v.
  požičať
length /lenkS/ s. dĺžka
lens /lenz/ s. šošovka
lentil /´lentil/ s. šošovica
less /les/ adj. menší, adv. menej
lesson /´lesn/ s. lekcia, úloha
let, let, let /let, let, let/ v. nechať,
  dovoliť, prenajať
letter /´leter/ s. list, písmeno
lettuce /´letis/ s. hlávkový šalát
level /´levl/ s. rovina, úroveň, adj.rov-
  ný, plochý, v. zrovnať, vyrovnať
liar /´lajer/ s. luhár
liberate /´liberejt/ v. oslobodiť
liberty /´liberti/ s. sloboda
library /´lajbrery/ s. knižnica
licence /´lajsens/ s. povolenie, licencia
lick /lik/ v. lízať

lid /lid/ s. viečko
lie /laj/ s. lož, v. luhat'
lie, lay, lain /laj, lej, lejn/ v. ležat'
life /lajf/ s. život
lift /lift/ v. zodvihnút', s. výt'ah
light /lajt/ s. svetlo, adj. svetlý,
  l'ahký
light, lit, lit /lajt, lit, lit/ v. roz-
  svietit', zakúrit', osvetlit'
like /lajk/ v. mat' rád, páčit' sa,
  adj. podobný, adv. ako
likely /ˊlajkli/ adv. pravdepodobne
lilac /ˊlajlek/ s. orgován
limb /lim/ s. úd
limit /ˊlimit/ s. medza, hranica, v. ob-
  medzit'
line /lajn/ s. čiara, priamka, povraz,
  rad, linka, trat'
linen /ˊlinin/ s. plátno, bielizeň
link /link/ s. článok, v. spojovat'
lion /ˊlajen/ s. lev
lip /lip/ s. pera
lipstick /ˊlipstik/ s. rúž
liquid /ˊlikwid/ s. tekutina, adj. tekutý
liquor /ˊliker/ s. liehovina
list /list/ s. zoznam, v. zapísat'
listen /ˊlisn/ v. počúvat', načúvat'
liter /ˊlíter/ s. liter

literature /ˈlitričer/ s. literatúra

litter /ˈliter/ s. smeti, v. znečistiť

little /ˈlitl/ adj. malý, adv. málo,
  trocha

live /liv/ v. žiť, bývať

live /lajv/ adj. živý

lively /ˈlajvli/ adj. veselý, plný života

liver /ˈliver/ s. pečeň

load /loud/ s. náklad, bremeno, v. nalo-
  žiť, nabiť

loaf /louf/ s. bochník

loan /loun/ s. pôžička

lobby /ˈlobi/ s. hala

local /ˈloukl/ adj. miestny

locate /loˈkejt/ v. umiestiť

lock /lok/ s. zámka, kader, v. zamknúť

loft /loft/ s. povala

log /log/ s. poleno, klada

lonely /ˈlounli/ adj. osamelý

long /long/ adj. dlhý, adv. dlho, v. tú-
  žiť

longitude /ˈlondžitjúd/ s. zemepisná dížka

look /luk/ v. dívať sa, pozerať, vyze-
  rať, s. pohľad

look after /ˈlukˈáfter/ v. starať sa

look for /ˈlukˈfór/ v. hľadať

look forward /ˈlukˈfórwerd/ v. tešiť sa

loop /lúp/ s. slučka

loose /lús/ adj. vol'ný, uvol'nený,
  v. uvol'nit'

lose, lost, lost /lúz, lost, lost/ v.
  stratit', prehrat', zablúdit'

loss /los/ s. strata, škoda

lost /lost/ adj. stratený, prehraný

lot /lot/ s. podiel, množstvo, pozemok,
  adv. mnoho, vel'a

loud /laud/ adj. hlasný, adv. nahlas

louse /laus/ s. voš

love /lav/ s. láska, v. milovat'

lovely /´lavli/ adj. rozkošný, povabný

lover /´laver/ s. milenec, milenka

low /lou/ adj. nízky, tichý, vulgárny,
  adv. nízko

lower /´louer/ adj. nižší, tichší,
  adv. nižšie, v. znížit'

luck /lak/ s. št'astie, náhoda, osud

lucky /laki/ adj. št'astný

lump /lamp/ s. kus, hruda, kocka

lunch /lanč/ s. obed, v. obedovat'

lungs /langz/ s.pl. pl'úca

lust /last/ s. chtivost', túžba

luxury /´lakšeri/ s. prepych

M

machine /me´šín/ s. stroj

mad /maed/ adj. šialený, bláznivý, zúrivý

madness /'maednis/ s. šialenstvo

magazine /'maegezín/ s. časopis

magic /'maedžik/ s. kúzlo, adj. kúzelný

magnificient /maeg'nifisnt/ adj. nádherný, skvelý

magnify /'maegnifaj/ v. zväčšovat'

maid /mejd/ s. slúžka, dievča

maiden /'mejdn/ adj. dievčenský

mail /mejl/ s. pošta, v. poslat' poštou

main /mejn/ adj. hlavný

mainly /'mejnli/ adv. najmä

maintain /mejn'tejn/ v. udržovat', podporovat', tvrdit'

maintenance /'mejntinens/ s. údržba

major /'mejdžer/ adj. väčší, dôležitejší, s. major

majority /me'džoriti/ s. väčšina, plnoletost'

make, made, made /mejk, mejd, mejd/ v. robit', vyrábat', prinútit', zarábat', s. výrobok, značka

make up /'mejkap/ s. namal'ovanie,výmysel

male /mejl/ s. muž, samec, adj. mužský, samčí

malice /'maelis/ s. zlomysel'nost'

malignant /me'lignent/ adj.zlovol'ný, zhubný

man /maen/ s. muž, človek

manage /ˈmaenidž/ v. riadit', spravovat',
  zvládnut'

management /ˈmaenidžment/ s. vedenie

manager /ˈmaenidžer/ s. vedúci, riaditel'

manipulate /meˈnipjulejt/ v. narábat',
  manipulovat'

mankind /maenˈkajnd/ s. l'udstvo

manner /ˈmaener/ s. spôsob, chovanie

manual /ˈmaenjuel/ adj. ručný, telesný,
  s. príručka

manufacture /ˌmaenjuˈfaekčer/ s. výroba,
  vyrábat', vymysliet'

many /ˈmeni/ adj. mnohý, adv. mnoho,vel'a

map /maep/ s. mapa

maple /ˈmejpl/ s. javor

marble /ˈmárbl/ s. mramor

March /márč/ s. marec

march /márč/ s. pochod, v. pochodovat'

marine /meˈrín/ adj. morský, námorný

mark /márk/ s. značka, škvrna, známka,
  ciel', v. označit', vyznačit'

market /ˈmárkit/ s. trh

marriage /ˈmaeridž/ s. manželstvo, sobáš

marry /ˈmaeri/ v. oženit'/sa/, vydat'/sa/

marvelous /ˈmárveles/ adj. úžasný

masculine /ˈmaeskjulin/ adj. mužský

mash /maeš/ s. miešanina, kaša

mask /másk/ s. maska

mass /maes/ s. hmota, masa, omša, v. hro-
madit'

master /'máster/ s. pán, učitel', majster,
v. zvládnut'

mat /maet/ s. rohožka, podložka

match /maeč/ s. zápalka, športový zápas,
partner, súper, partia, v. pristat',
súperit'

material /me'tiriel/ s. látka, materiál,
adj. hmotný, závažný

matter /'maeter/ s. hmota, vec, záleži-
tost', v. mat' význam

mature /me'tjuer/ adj. zrelý, dospelý,
v. dozriet'

May /mej/ s. máj

may, might /mej, majt/ v. smiet', môct'

maybe /'mejbí/ adv. snád', možno

mayor /'meer/ s. starosta

me /mí/ pron. mňa, mne, mi

meal /míl/ s. jedlo

mean, meant, meant /mín, ment, ment/ v.
mienit', znamenat', zamýšl'at', adj. ha-
nebný, nízky, skúpy

meaning /'míning/ s. význam, zmysel

meanwhile /'mínwajl/ adv. zatial'

measles /ˈmízlz/ s.pl. osýpky

measure /ˈmežer/ s. miera, opatrenie,
  v. merat'

measurements /ˈmežerments/ s.pl. rozmery

meat /mít/ s. mäso

medicine /ˈmedsin/ s. liek, lekárstvo

mediocre /ˈmídiouker/ adj. priemerný

meditate /ˈmeditejt/ v. uvažovat', roz-
  jímat'

medium /ˈmídjem/ s. stred, priemer, pro-
  striedok, adj. stredný

meet, met, met /mít, met, met/ v. stret-
  nút' sa, zíst' sa, zoznámit' sa, vy-
  rovnat'

meeting /ˈmíting/ s. schôdza, stretnutie

melon /ˈmelen/ s. melón

melt /melt/ v. topit'/sa/, rozpúšt'at',
  tavit'

member /ˈmember/ s. člen

membership /ˈmemberšip/ s. členstvo

memory /ˈmemeri/ s. pamät', spomienka

mend /mend/ v. spravit', opravit',zlepšit'

mental /ˈmentl/ adj. duševný

mention /ˈmenšn/ v. zmienit' sa

menu /ˈmenjú/ s. jedálny lístok

merchandise /ˈmérčendajz/s. tovar

merchant /ˈmérčent/ s. obchodník

mercury /ˈmérkjuri/ s. ortut'
mercy /ˈmersi/ s. súcit
mere /mier/ adj. púhy
merely /ˈmierli/ adv. iba
merge /mérdž/ v. splynúť, spojiť
merit /ˈmerit/ s. zásluha, v. zaslúžiť
merry /ˈmeri/ adj. veselý
mess /mes/ s. neporiadok, zmätok
message /ˈmesidž/ s. správa, odkaz
messenger /ˈmesindžer/ s. posol, poslíček
metal /ˈmetl/ s. kov
meter /ˈmíter/ s. meter, meradlo
method /ˈmeSed/ s. metóda, postup
middle /ˈmidl/ adj. stredný, prostredný,
  s. stred
midnight /ˈmidnajt/ s. polnoc
mighty /ˈmajti/ adj. mocný, mohutný
mild /majld/ adj. mierny, lahodný
mile /majl/ s. míľa /1.609 m/
military /ˈmiliteri/ adj. vojenský
milk /milk/ s. mlieko, v. dojiť
mill /mil/ s. mlyn, továreň
million /ˈmiljen/ s. milión
mind /majnd/ s. myseľ, pamäť, názor,
  v. dbať, starať sa, namietať
mine /majn/ pron. môj, moja, moje,
  s. baňa, mína, v. dolovať

miner /ˈmajner/ s. baník

minister /ˈminister/ s. minister, vysla -
nec, duchovný

ministry /ˈministri/ s. ministerstvo

minor /ˈmajner/ adj. menší, podradný, s.
neplnoletá osoba

minority /majˈnoriti/ s. menšina

minus /ˈmajnes/ prep. bez, mínus

minute /ˈminit/ s. minúta

miracle /ˈmirekl/ s. div, zázrak

mirror /ˈmirer/ s. zrkadlo

mischief /ˈmisčif/ s. nezbednosť, zlo

miser /ˈmajzer/ s. lakomec

miserable /ˈmizerebl/ adj. úbohý, ne-
šťastný

misfortune /misˈfóčn/ s. nešťastie

miss /mis/ v. minúť, zmeškať, postrá-
dať, vynechať

Miss /mis/ s. slečna

missing /ˈmising/ adj. chýbajúci, postrá-
daný

mission /ˈmišn/ s. poslanie, misia

mistake, mistook, mistaken /misˈtejk,
misˈtuk, misˈtejkn/ v. mýliť sa, byť
na omyle, s. omyl, chyba

Mister /Mr./ /ˈmister/ s. pán

mistress /ˈmistris/ s. pani, učiteľka,
milenka

mistrust /mis'trast/ v. nedôverovat',
  s. nedôvera
misunderstanding /'misander'staending/ s.
  nedorozumenie
mix /miks/ v. miešat' /sa/
mobile /'moubajl/ adj. pohyblivý
mockery /'mokeri/ s. výsmech
model /'modl/ s. model, vzor, manekýnka,
  v. modelovat'
moderate /'moderit/ adj. umiernený,stred-
  ný, striedmy
modern /'modern/ adj. moderný
modest /'modist/ adj. skromný, mierny
moist /mojst/ adj. vlhký
moisture /'mojsčer/ s. vlhkost'
mole /moul/ s. krt
moment /'moument/ s. okamih, moment, zá-
  važnost'
monastery /'monesteri/ s. kláštor
Monday /'mandi/ s. pondelok
money /'mani/ s. peniaze
monk /mank/ s. mních
monkey /'manki/ s. opica
monster /'monster/ s. obluda, netvor
month /manS/ s. mesiac
mood /múd/ s. nálada
moon /mún/ s. mesiac, luna

moral /ˈmorel/ s. mravné naučenie, adj.
  mravný

more /mór/ adv. viacej

morning /ˈmórning/ s. ráno, dopoludnie

mortal /ˈmórtl/ adj. smrteľný, osudný

mortality /mórˈtaeliti/ s. úmrtnosť,
  smrteľnosť

moss /mos/ s. mach

most /moust/ adj. najväčší, s. väčšina

moth /moS/ s. moľ, mora

mother /ˈmadzer/ s. matka

mother-in-law /ˈmadzerinló/ s. svokra

motion /ˈmoušn/ s. pohyb, návrh, v. po-
  kynúť

mould /mould/ s. forma, pleseň

mountain /ˈmauntin/ s. hora, vrch

mourn /mórn/ v. trúchliť, smútiť

mourning /ˈmórning/ s. smútok

mouse /maus/ s. myš

moustache /mesˈtáš/ s. fúzy

mouth /mauS/ s. ústa, ústie

move /múv/ v. hýbať, pohybovať sa,
  sťahovať sa, dojať, s. pohyb

movement /ˈmúvment/ s. pohyb, hnutie

movies /ˈmúviz/ s.pl. kino

Mr. /ˈmister/ s. pán

Mrs. /ˈmisiz/ s. pani

much /mač/ adj,adv. mnoho, veľa, oveľa
mud /mad/ s. blato, bahno
muddle /ˈmadl/ s. zmätok
mug /mag/ s. hrnček
multiply /ˈmaltiplaj/ v. násobiť
murder /ˈmérder/ s. vražda, v. vraždiť
murderer /ˈmérderer/ s. vrah
murmur /ˈmérmer/ s. šum, šepot, v.šumieť
muscle /ˈmasl/ s. sval
mushroom /ˈmašrúm/ s. huba
music /ˈmjúzik/ s. hudba, noty
must /mast/ v. musieť
mustard /ˈmasterd/ s. horčica
mute /mjút/ adj. nemý, tichý
mutiny /ˈmjútini/ s. vzbura
mutual /ˈmjúčuel/ adj. vzájomný
my /maj/ pron. môj, moja, moje
myself /majˈself/ pron. ja sám, sa
mysterious /misˈtiries/ adj. tajomný
mystery /ˈmisteri/ s. tajomstvo, záhada

N

nail /nejl/ s. necht, klinec, v.pribiť
naked /ˈnejkid/ adj. nahý, holý
name /nejm/ s. meno, názov, v. menovať
nap /naep/ v. zdriemnuť si
napkin /ˈnaepkin/ s. servítka, plienka

narrow /'naerou/ adj. úzky

nasty /'násti/ adj. ošklivý, protivný

nation /'nejšn/ s. národ

national /'naešenl/ adj. národný

nationality /'naeše'naeliti/ s. národnost', štátna príslušnost'

native /'nejtiv/ adj. rodný, domorodý

natural /'naečrel/ adj. prírodný, prirodzený

naturally /'naečreli/ adv. prirodzene, samozrejme

nature /'nejčer/ s. príroda, povaha

naughty /'nóti/ adj. nevychovaný, neposlušný

nausea /'nósje/ s. nevol'nost'

navel /'nejvl/ s. pupok

navy /'nejvi/ s. lod'stvo

near /nier/ adj., adv. blízky, blízko

nearly /'nierli/ adv. skoro, takmer

neat /nít/ adj. čistý, úhl'adný

necessary /'neseseri/ adj. nutný, potrebný

necessity /ni'sesiti/ s. nutnost', potreba

neck /nek/ s. krk, šija

necklace /'neklis/ s. náhrdelník

necktie /'nektaj/ s. viazanka, kravata

need /níd/ s. potreba, núdza, v. potrebovat', musiet'

needle /ˈnídl/ s. ihla
negative /ˈnegetiv/ s. zápor, adj.záporný
neglect /niˈglekt/ v. zanedbávat', nedbat'
negligence /ˈneglidžens/ s. nedbalost'
negotiate /niˈgoušiejt/ v. vyjednávat'
Negro /ˈnígrou/ s. černoch, adj. černošský
neighbor /ˈnejber/ s. sused, adj.susedský
neighborhood /ˈnejberhud/ s. susedstvo
neither /ˈnajdzer, ˈnídzer/ adj, pron.
  žiaden, ani...ani
nephew /ˈnefjú/ s. synovec
nerve /ˈnérv/ s. nerv, odvaha
nervous /ˈnérves/ adj. nervózny
nest /nest/ s. hniezdo
net /net/ s. siet', netto, adj. čistý
never /ˈnever/ adv. nikdy
nevertheless /ˈneverdzeˈles/ adv. predsa
new /njú/ adj. nový
news /ˈnjúz/ s. správa, správy
newspaper /ˈnjúz-pejper/ s. noviny
next /nekst/ adj. budúci, najbližší, adv.
  nabudúce, hned' potom, prep. vedl'a, pri
nice /najs/ adj. pekný, príjemný
niece /nís/ s. neter
night /najt/ s. noc, večer
night-gown /ˈnajtgaun/ s. nočná košel'a
nightmare /ˈnajtmeer/ s. hrozný sen

nil /nil/ s. nula, nič
nine /najn/ num. devät'
nineteen /'najn'tín/ num. devätnást'
ninety /'najnti/ num. devät'desiat
no /nou/ adj., adv. nie, žiadny
noble /'noubl/ adj. vznešený, ušl'ach-
  tilý, s. šl'achtic
nobody /'noubedi/ pron. nikto
nod /nod/ v. prikývnut', driemat', s. ký-
  vnutie
noise /nojz/ s. hluk
noisy /'nojzi/ adj. hlučný
nominate /'nominejt/ v. menovat',ustano-
  vit'
none /nan/ pron. nikto, žiaden
nonsense /'nonsens/ s. nezmysel
noodle /'núdl/ s. rezanec
noon /'nún/ s. poludnie
nor /nór/ conj. ani
normal /'nórml/ adj. normálny, obyčajný
north /nórS/ s. sever, adj. severný
nose /nouz/ s. nos
not /not/ adv. nie
note /nout/ s. nota, poznámka, bankovka,
  v. všimnút' si, konštatovat', poznamenat'
notebook /'noutbuk/ s. zápisník
nothing /'naSing/ s. nič

notice /'noutis/ s. oznámenie, vyhláška,
  výpoved', pozornost', v. všimnúť si
notion /'noušn/ s. pojem, predstava
nourish /'nariš/ v. živiť'
novel /'novl/ s. román, adj. neobvyklý,
  nový
November /no'vember/ s. november
now /nau/ adv. teraz, práve
nowhere /'nouweer/ adv. nikde, nikam
nude /njúd/ adj. nahý, s. akt
nuisance /'njúsns/ s. nepríjemnosť'
numb /nam/ adj. necitlivý
number /'namber/ s. číslo, počet, množ-
  stvo, v. rátať', počítať'
nun /nan/ s. mníška
nurse /nérs/ s. ošetrovateľka, sestra,
  v. ošetrovať'
nurture /'nérčer/ v. vychovávať'
nut /nat/ s. orech

                    O

oak /ouk/ s. dub
oar /ór/ s. veslo
oat /out/ s. ovos
oath /ouS/ s. prísaha
obedient /e'bídjent/ adj. poslušný
obey /e'bej/ v. poslúchať'

object /ˈobdžikt/ s. predmet, cieľ, v.
  namietať, protestovať

obligation /ˈobliˈgejšn/ s. záväzok

oblivion /eˈblivien/ s. zabudnutie

observe /ebˈzérv/ v. pozorovať, zacho-
  vávať, poznamenať

obsess /ebˈses/ v. posadnúť

obstacle /ˈobstekl/ s. prekážka

obstinate /ˈobstinit/ adj. tvrdohlavý

obstruct /ebˈstrakt/ v. zablokovať

obtain /ebˈtejn/ v. získať, dostať

obvious /ˈobvies/ adj. samozrejmý, jasný

occasion /eˈkejžn/ s. príležitosť, dôvod

occupation /ˈokjuˈpejšn/ s. zamestnanie,
  povolanie, okupácia

occupy /ˈokjupaj/ v. obsadiť, obývať,
  zaoberať sa

occur /eˈkér/ v. prihodiť sa, stať sa,
  napadnúť

ocean /oušn/ s. oceán

October /okˈtouber/ s. október

odd /od/ adj. nepárny, prebytočný, ná-
  hodný, divný

odor /ˈouder/ s. pach, vôňa

of /ov/ prep. od, z

off /of/ adv. preč, od, z, adj. zrušený,
  vypnutý

offend /e´fend/ v. urazit', previnit' sa

offer /´ofer/ s. ponuka, v. ponúkat'

office /´ofis/ s. úrad, funkcia, služba

officer /´ofiser/ s. úradník, dôstojník,
  strážnik

official /e´fišl/ adj. úradný, oficiálny,
  s. úradník

often /´ofn/ adv. často

oil /ojl/ s. olej, nafta, v. mazat'

ointment /´ojntment/ s. mast', mazadlo

O.K. /´ou kej/ adv. dobre, v poriadku

old /ould/ adj. starý

old-fashioned /´ould´faešnd/ adj. staro-
  módny

omit /o´mit/ v. vynechat', obíst'

on /on/ prep. na, v, adv. d'alej

once /wans/ adv. raz, kedysi, conj. len čo

one /wan/ num. jeden, adj. jediný, akýsi

oneself /wan´self/ pron. sám, sa

onion /´anjen/ s. cibul'a

only /´ounli/ adj. jediný, adv. iba,
  ešte len

open /´oupn/ adj. otvorený, prístupný,
  v. otvorit'

opening /´oupning/ s. otvor, začiatok,
  otvorenie

opera /´opere/ s. opera

operate /'operejt/ v. pracovat', fungovat', operovat', obsluhovat'

opinion /e'pinjen/ s. názor, mienka

opportunity /'oper'tjúniti/ s. príležitost'

oppose /e'pouz/ v. postavit' sa proti

opposite /'opezit/ adj. protivný, opačný, s. opak, protiklad, adv. oproti

oppression /e'prešn/ s. útlak

option /'opšn/ s. vol'ba, prianie

or /'ór/ conj. lebo, či

oral /'órel/ adj. ústny

orange /'orindž/ s. pomaranč

orchestra /'ókistre/ s. orchester

order /'órder/ s. poradie, rad, poriadok, príkaz, objednávka, v. nariadit', objednat'

ordinary /'órdneri/ adj. obyčajný

organ /'órgen/ s. ústroj, organ

organize /'órgenajz/ v. organizovat'

origin /'oridžin/ s. pôvod, počiatok

original /e'ridženl/ adj. pôvodný, originálny, s. originál

orphan /'órfen/ s. sirota

other /'adzer/ adj. iný, druhý, ostatný

otherwise /'adzerwajz/ adv. ináč, síce

ought /'ót/ v. mat' povinnost'

our /ˈaur/ adj. náš

ourselves /aurˈselvz/ pron. my sami, sa

out /aut/ adv. von, vonku, preč, z

outcome /ˈautkam/ s. výsledok

outdoor /ˈautdór/ adj. vonkajší, vonku

outer /ˈauter/ adj. vonkajší

outfit /ˈautfit/ s. výstroj

outlaw /ˈautló/ s. zločinec

outlook /ˈautluk/ s. výhľad, rozhľad

outrageous /autˈrejdžes/ adj. urážlivý,
  hrubý

outside /autˈsajd/ s. vonkajšok, adj.
  vonkajší, adv. vonku, prep. mimo

outstanding /autˈstaending/ adj. vyni-
  kajúci, vyznačný

oven /avn/ s. pec, rúra

over /ˈouver/ prep. nad, cez, po, adv.
  na druhej strane, na konci

overcome /viz come/ /ˌouverˈkam/ v. pre-
  konať, premôcť

overdo /viz do/ /ˌouverˈdú/ v. preháňať,
  zmeniť

oversea/s/ /ˈouverˈsí/z/ adj. zámorský,
  zahraničný

oversleep /viz sleep/ /ˈouverˈslíp/ v.
  zaspať

overture /ˈouvertjuer/ s. predohra

overwhelm /‚ouver'welm/ v. zaplaviť,
  ohromiť
owe /ou/ v. dlhovať, vďačiť za
owl /aul/ s. sova
own /oun/ adj. vlastný, v. vlastniť,
  priznať
owner /'ouner/ s. majiteľ, vlastník
ox /oks/ s. vôl

                    P

pace /pejs/ s. krok, tempo, v. kráčať
pack /paek/ s. balík, náklad, svorka,
  v. /za/baliť, napchať
package /'paekidž/ s. balík, balíček
pad /paed/ s. podložka, vložka
paddle /'paedl/ s. pádlo, veslo
page /pejdž/ s. strana, stránka, páža
pain /pejn/ s. bolesť, v. bolieť
paint /pejnt/ s. farba, náter, v. ma-
  ľovať, natierať, líčiť
painting /'pejnting/ s. obraz, maľba
pair /peer/ s. pár
palace /'paelis/ s. palác
pale /pejl/ adj. bledý, v. blednúť
palm /pálm/ s. dlaň, palma
pan /paen/ s. panvica, panva
pancake /'paenkejk/ s. palacinka

pants /paents/ s. pl. nohavice, spodky
paper /´pejper/ s. papier, noviny
parade /pe´rejd/ s. prehliadka
paradise /´paeredajs/ s. raj
parcel /´pársl/ s. balík, balíček
parents /´peerents/ s.pl. rodičia
park /párk/ s. park, parkovisko, v. par-
  kovat'
parliament /´párlement/ s. parlament
parrot /´paeret/ s. papagáj
parsley /´pársli/ s. petržlen
part /párt/ s. čast', účast', súčast',
  úloha, rola, v. rozdelit' /sa/, rozlú-
  čit' sa, rozíst' sa
participate /pár´tisipejt/ v. zúčastnit'
  sa
particular /per´tikjuler/ adj. podrobný,
  zvláštny, jednotlivý, vyberavý
partner /´pártner/ s. spoločník, partner
party /´párti/ s. strana /politická/,
  spoločnost', večierok
pass /pás/ v. prejst', minút', strávit',
  schválit', /...away/ zomriet', s. sprie-
  vodný list, priesmyk
passage /´paesidž/ s. prechod, chodba,
  pasáž
passenger /´paesindžer/ s. cestujúci

passion /ˈpaešn/ s. vášeň, zlost', nad-
šenie

passport /ˈpáspórt/ s. cestovný pas

past /pást/ adj. minulý, prep. po, preč,
s. minulost'

paste /pejst/ s. cesto, lepidlo,v.lepit'

pastry /ˈpejstri/ s. pečivo

patch /paeč/ s. záplata

path /páS/ s. cesta

patience /ˈpejšns/ s. trpezlivost'

patient /ˈpejšnt/ adj. trpezlivý, s. pa-
cient

pattern /ˈpaetern/ s. vzor, vzorka

pause /póz/ s. prestávka, v. zastavit' sa

pavement /ˈpejvment/ s. chodník,dláždenie

pay, paid, paid /pej, pejd, pejd/ v. pla-
tit', vyplatit' sa, s. plat, mzda

payment /ˈpejment/ s. pláca, odmena

pea /pí/ s. hrach, hrášok

peace /pís/ s. mier, pokoj

peach /píč/ s. broskyňa

peacock /ˈpíkok/ s. páv

peak /pík/ s. vrchol

peanut /ˈpínat/ s. búrsky oriešok

pear /peer/ s. hruška

pearl /pérl/ s. perla

peasant /ˈpeznt/ s. rol'ník, sedliak

peculiar /pi´kjúljer/ adj. vlastný, po-
  divný, zvláštny
pedestrian /pi´destrien/ s. chodec
peel /píl/ s. šupa, v. lúpat', šúpat'
peg /peg/ s. kolík, vešiak
pen /pen/ s. pero
penalty /´penlti/ s. trest, pokuta
pencil /´pensl/ s. ceruzka
penetrate /´penitrejt/ v. vniknút', pre-
  niknút'
pension /´penšn/ s. penzia
people /´pípl/ s. l'ud, národ, l'udia
pepper /´peper/ s. čierne korenie
per /pér/ prep. za, na, cez
perceive /per´sív/ v. pochopit',postreh-
  nút'
perfect /´pérfikt/ adj. dokonalý
perform /per´fórm/ v. vykonat', zastávat',
  predvádzat', hrat'
performance /per´fórmens/ s. vykonanie,
  predstavenie
perfume /´pérfjúm/ s. voňavka
perhaps /per´haeps/ adv. snád', možno
period /´piried/ s. obdobie, doba
perish /´periš/ v. zahynút'
perishable /´perišebl/ adj. podliehajúci
  skaze

perm /ˈpérm/ s. trvalá ondulácia
permanent /ˈpérmenent/ adj. trvalý
permission /perˈmišn/ s. povolenie
permit /perˈmit/ v. dovolit', pripustit',
  s. povolenie, priepustka
persecute /ˈpérsikjút/ v. prenasledovat'
persist /perˈsist/ v. trvat', zotrvat'
person /ˈpérsn/ s. osoba, človek
personal /ˈpérsenl/ adj. osobný
personality /ˈpérseˈnaeliti/ s. osobnost'
perspire /persˈpajer/ v. potit' sa
persuade /perˈswejd/ v. presvedčit'
petition /piˈtišn/ s. žiadost', petícia
petrol /ˈpetrel/ s. benzín
pharmacy /ˈfármesi/ s. farmácia, lekáreň
phesant /ˈfeznt/ s. bažant
philosophy /fiˈlosefi/ s. filozofia
phone /foun/ s. telefón, v. telefonovat'
photograph /ˈfoutegráf/ s. fotografia,
  v. fotografovat'
physical /ˈfizikl/ adj. fyzický, telesný,
  fyzikálny
physician /fiˈzišn/ s. lekár
piano /ˈpjaenou/ s. piano, klavír
pick /pik/ v. oberat', vyberat' si, zod-
  vihnút', pochytit', rýpat' /sa/,s.krompáč
picture /ˈpikčer/ s. obraz, film

pie /paj/ s. koláč

piece /'pís/ s. kus, kúsok

pierce /piers/ v. prepichnúť, prebodnúť

pig /pig/ s. prasa, sviňa

pigeon /'pidžin/ s. holub

pile /pajl/ s. hŕba, kopa, kôl, v. hro-
  madiť, navŕšiť

pilgrim /'pilgrim/ s. pútnik

pill /pil/ s. pilulka

pillar /'piler/ s. stĺp, pilier

pillow /'pilou/ s. vankúš

pin /pin/ s. špendlík, v. pripäť

pincers /'pinserz/ s.pl. kliešte

pinch /pinč/ v. štipnúť, s. štipka

pine /pajn/ s. borovica, sosna

pineapple /'pajn-aepl/ s. ananás

pink /pink/ adj. ružový, s. karafiát

pint /pajnt/ s. pinta

pipe /pajp/ s. trúbka, rúra, píšťala,
  fajka

pitcher /'pičer/ s. džbán

pity /'piti/ s. súcit, ľútosť, škoda,
  v. ľutovať

place /plejs/ s. miesto, v. umiestniť,
  položiť

plague /plejg/ s. mor, pohroma

plain /plejn/ adj. jasný, prostý, obyčaj-
  ný, s. rovina

plan /plaen/ s. plán, v. plánovat', za-
mýšl'at'

plane /plejn/ s. rovina, plocha,lietadlo

plant /plánt/ s. rastlina, továreň, zá-
vod, v. zasadit'

plaster /ˈpláster/ s. obklad, omietka

plate /plejt/ s. tanier, doska

platform /ˈplaetfórm/ s. nástupište, tri-
búna

play /plej/ v. hrat' /sa/, s. hra

pleasant /ˈpleznt/ adj. príjemný

please /plíz/ v. páčit' sa, uspokojit',
mat' radost', prosím /vás/

pleasure /ˈpležer/ s. potešenie, radost'

pledge /pledž/ s. záloha, záväzok

plenty /ˈplenti/ s. hojnost', množstvo,
adv. vel'a

plot /plot/ s. parcela, zápletka, spri-
sahanie, v. kut' pikle

plough /plau/ s. pluh, v. orat'

plug /plag/ s. zátka, zástrčka, v.zapchat'

plum /plam/ s. slivka

plumber /ˈplamer/ s. inštalatér

plump /plamp/ adj. bucl'atý

plunge /plandž/ v. ponorit'/sa/, s. pono-
renie

plus /plas/ conj. plus, a

p.m. /ˈpíˈem/ adv. popoludnie, večer

pocket /ˈpokit/ s. vrecko

poem /ˈpouim/ s. báseň

poetry /ˈpouitri/ s. poézia

point /pojnt/ s. bod, špička, vec, v. u-
  kázat', zdôraznit'

poison /pojzn/ s. jed, v. otrávit'

pole /poul/ s. tyč, kôl, pól

police /peˈlís/ s. polícia

policeman /peˈlísmen/ s. strážnik

policy /ˈpolisi/ s. politika, línia, po-
  istka

polish /ˈpoliš/ v. leštit', s. lesk, leš-
  tidlo, uhladenost'

polite /peˈlajt/ adj. zdvorilý

political /peˈlitikl/ adj. politický

pollute /peˈlút/ v. znečistit', zhanobit'

pond /pond/ s. rybník

pool /púl/ s. mláka, vodná nádrž

poor /puer/ adj. chudobný, úbohý, biedny

pope /poup/ s. pápež

poppy /ˈpopi/ s. mak

popular /ˈpopjuler/ adj. l'udový, popu-
  lárny, obl'úbený

population /ˌpopjuˈlejšn/ s. obyvatel'-
  stvo, počet obyvatel'stva

pork /pórk/ s. bravčové mäso

porridge /ˈporidž/ s. ovsená kaša
port /pórt/ s. prístav
portable /ˈpórtebl/ adj. prenosný
porter /pórter/ s. nosič, vrátnik
portion /ˈpóršn/ s. čast', podiel
position /peˈzišn/ s. postavenie, poloha
positive /ˈpozitiv/ adj. kladný, pozitívny
possess /peˈzes/ v. vlastnit', mat', po-
  sadnút'
possession /peˈzešn/ s. majetok
possibility /ˈposiˈbiliti/ s. možnost'
possible /ˈposibl/ adj. možný
post /poust/ s. stĺp, pošta, v. vyhlásit',
  poslat' poštou
postage /ˈpoustidž/ s. poštovné
postcard /ˈpoustkárd/ s. pohl'adnica
poster /ˈpouster/ s. plagát
postman /ˈpoustmen/ s. poštár
post-office /ˈpoustˈofis/ s. pošta
postpone /poustˈpoun/ v. odložit', odsunút'
pot /pot/ s. hrniec, kvetináč
potato /peˈtejtou/ s. zemiak
poultry /ˈpoultri/ s. hydina
pound /paund/ s. libra, v. búšit'
pour /pór/ v. liat' /sa/, naliat', vyliat'
poverty /ˈpoverti/ s. chudoba
powder /ˈpauder/ s. prach, prášok, púder,
  v. rozdrvit', pudrovat'

power /ˈpauer/ s. sila, moc, energia
power-station /ˈpauer-stejǎn/ s. elekt-
  ráreň
practical /ˈpraektikl/ adj. praktický
practically /ˈpraektikeli/ adv. takmer,
  skoro
practice /ˈpraektis/ s. prax, cvičenie,
  v. vykonávat', cvičit'
praise /prejz/ v. chválit', s. pochvala
pray /prej/ v. modlit' sa, prosit'
prayer /preer/ s. modlitba, prosba
preach /príč/ v. kázat'
precaution /priˈkóšn/ s.opatrnost', opat-
  renie
precede /priˈsíd/ v. predchádzat'
precious /ˈprešes/ adj. vzácny, drahý
precise /priˈsajs/ adj. presný, správny
precision /priˈsižn/ s. presnost'
predict /priˈdikt/ v. predpovedat'
prefer /priˈfér/ v. dávat' prednost'
pregnant /ˈpregnent/ adj. t'archavá, plný
prejudice /ˈpredžudis/ s. predsudok
prepare /priˈpeer/ v. pripravit' /sa/
prescribe /prisˈkrajb/ v. predpísat'
prescription /prisˈkripšn/ s. predpis,
  recept
presence /ˈprezns/ s. prítomnost'

present /ˈpreznt/ s. prítomnosť, dar,
  adj. prítomný, terajší, v./priˈzent/
  predložiť, predstaviť, darovať
preserve /priˈzérv/ v. uchovať, konzer-
  vovať, s. zaváranina
preside /priˈzajd/ v. predsedať
president /ˈprezident/ s. prezident,
  predseda
press /pres/ s. lis, tlač, v. tlačiť,
  žehliť, lisovať
pressure /ˈprešer/ s. tlak, nátlak
presume /priˈzjúm/ v. predpokladať
pretend /priˈtend/ v. predstierať
pretty /ˈpriti/ adj. pekný, adv. pekne,
  dosť
prevail /priˈvejl/ v. prevládať
prevent /priˈvent/ v. predchádzať, za-
  brániť
previous /ˈprívjes/ adj. predchádzajúci,
  minulý
price /prajs/ s. cena, hodnota
prick /prik/ v. bodnúť, pichnúť
pride /prajd/ s. pýcha
priest /príst/ s. kňaz
prime /prajm/ adj. hlavný, predný, s.roz-
  kvet
prince /prins/ s. princ, knieža

princess /prin'ses/ s. princezná

principal /'prinsipel/ adj. hlavný, s.
  predstavený

principle /'prinsepl/ s. zásada

print /print/ s. tlač, výtlačok, v.tlačiť'

prior /'prajer/ prep. pred

priority /praj'oriti/ s. prednosť'

prison /'prizn/ s. väzenie

prisoner /'prizener/ s. väzeň, zajatec

privacy /'prajvesi/ s. súkromie

private /'prajvit/ adj. súkromný, osobný

privilege /'privilidž/ s. výsada, pred-
  nosť'

prize /prajz/ s. cena, odmena, výhra

probable /'probebl/ adj. pravdepodobný

problem /'problem/ s. problém

proceed /pre'síd/ v. postupovať', pokra-
  čovať'

process /'prouses/ s. proces, postup

proclaim /pre'klejm/ v. vyhlásiť'

procure /pre'kjer/ v. obstarať', opatriť'

produce /pre'djús/ s. výrobok, v. vyro-
  biť', predložiť', predviesť'

product /'prodekt/ s. výrobok, výsledok

production /pre'dakšn/ s. výroba, pro-
  dukcia

profession /pre'fešn/ s. povolanie

profit /ˈprofit/ s. zisk, úžitok

progress /ˈprougres/ s. pokrok, v./preˈgres/ postupovat', pokračovat'

prohibit /preˈhibit/ v. zakázat', zabránit'

prolong /preˈlong/ v. predĺžit'

prominent /ˈprominent/ adj. vynikajúci, význačný

promise /ˈpromis/ s. sl'ub, v. sl'úbit'

promote /preˈmout/ v. povýšit',podporovat'

promotion /preˈmoušn/ s. povýšenie

prompt /prompt/ adj. okamžitý, v. podnietit', našepkat'

pronounce /preˈnauns/ v. vyhlásit', vyslovovat'

pronunciation /preˈnansiˈejšn/ s. výslovnost'

proof /prúf/ s. dôkaz, skúška, adj.osvedčený

proper /ˈproper/ adj. vlastný, riadny

properly /ˈproperli/ adv. riadne, správne

property /ˈproperti/ s. majetok, vlastnost'

proposal /preˈpouzl/ s. návrh, ponuka

propose /preˈpouz/ v. navrhnút',ponúknut'

prosecute /ˈprosikjút/ v. stíhat', súdne žalovat'

prospect /ˈprospekt/ s. vyhliadka, nádej
prospective /presˈpektiv/ adj. budúci,
  prípadný
prosper /ˈprosper/ v. darit' sa, prospe-
  rovat'
prosperity /prosˈperiti/ s. blahobyt
protect /preˈtekt/ v. chránit'
protection /preˈtekšn/ s. ochrana
protest /preˈtest/ v. protestovat', vy-
  hlásit', s. protest
protrude /preˈtrúd/ v. vyčnievat'
proud /praud/ adj. hrdý, pyšný
prove /prúv/ v. dokázat', osvedčit' sa,
  vyskúšat'
proverb /ˈproverb/ s. príslovie
provide /preˈvajd/ v. opatrit', poskyto-
  vat', obstarat'
provision /preˈvižn/ s. opatrenie, zásoba
provoke /preˈvouk/ v. vyvolat', provo-
  kovat'
pub /pab/ s. krčma, hostinec
public /ˈpablik/ adj. verejný, s. verej-
  nost', obecenstvo
publish /ˈpabliš/ v. uverejnit', vydat'
pudding /ˈpuding/ s. nákyp, puding
puddle /ˈpadl/ s. mláka, kaluž
pull /pul/ v. t'ahat', vytrhnút', s. t'ah

pulse /pals/ s. tep, pulz
pump /'pamp/ s. pumpa, v. pumpovat'
punch /panč/ s. úder, punč, v. udriet',
  prepichnút'
punctual /'pankčuel/ adj. presný, do-
  chvíľny
puncture /'pankčer/ s. prepichnutie
punish /'paniš/ v. potrestat'
punishment /'panišment/ s. trest
pupil /'pjúpl/ s. žiak, žiačka, zrenica
puppet /'papit/ s. bábka
puppy /'papi/ s. šteňa
purchase /'pérčes/ s. nákup, v. kúpit'
pure /pjuer/ adj. čistý, rýdzi
purpose /'pérpes/ s. účel, ciel', /on.../
  schválne
purse /pérs/ s. peňaženka, mešec
pursue /per'sjú/ v. prenasledovat', sle-
  dovat', prevádzat'
pus /pas/ s. hnis
push /puš/ v. strčit', tlačit'
put, put, put /put, put, put/ v. dat',
  položit', postavit'
puzzle /'pazl/ s. hádanka, záhada, v. po-
  pliest', zmiast'
pyjamas /pe'džámes/ s.pl. pyžama

Q

qualify /ˈkwolifaj/ v. kvalifikovat'/sa/, vymedzit'

quality /ˈkwoliti/ s. akost', vlastnost'

quantity /ˈkwontiti/ s. množstvo

quarrel /ˈkworel/ s. hádka, spor, v. hádat' sa, vadit' sa

quarter /ˈkwóter/ s. štvrt', kvartál, ubytovanie

queen /kwín/ s. král'ovná

queer /kwier/ adj. podivný

question /ˈkwesčn/ s. otázka, v. pýtat' sa, vypočúvat', pochybovat'

questionnaire /ˌkwesčeˈneer/ s. dotazník

queue /kjú/ s. front

quick /kwik/ adj. rýchly, bystrý, adv. rýchlo

quiet /ˈkwajet/ adj. tichý, pokojný, v. upokojit' sa, s. ticho

quit /kwit/ v. opustit', vzdat' sa

quite /kwajt/ adv. úplne, celkom

quiver /ˈkwiver/ v. chviet' sa

quote /kwout/ v. citovat', udat' cenu

R

rabbit /ˈraebit/ s. králik

race /rejs/ s. rasa, preteky, závod

rack /raek/ s. vešiak, polica

racket /ˊraekit/ s. raketa, lomoz, vydie-
račstvo

radiate /ˊrejdiejt/ v. žiarit', vyžarovat'

radiator /ˊrejdiejter/ s. radiátor, chla-
dič

radio /ˊrejdiou/ s. rádio, rozhlas

radish /ˊraediš/ s. red'kovka

rag /raeg/ s. handra

rage /rejdž/ s. zlost', zúrivost'

ragged /ˊraegid/ adj. otrhaný

raid /rejd/ s. vpád, nájazd, nálet

rail /rejl/ s. kol'ajnice, zábradlie

railroad /ˊrejlroud/ s. železnica

rain /rejn/ s. dážd', v. pršat'

raincoat /ˊrejnkout/ s. nepremokavý plášt'

raise /rejz/ v. zdvíhat', zvýšit', opat-
rit', vzbúrit', pestovat', chovat'

raisin /ˊrejzn/ s. hrozienko

rake /rejk/ s. hrable, v. hrabat'

random /ˊraendem/ adj. náhodný

range /rejndž/ s. rad, ret'az, rozsah,
dosah, dostrel, sporák, v. zoradit'/sa/,
prestierat' sa

rank /raenk/ s. rad, hodnost', v. radit'
sa, patrit'

ransom /´raensem/ s. výkupné

rape /rejp/ v. znásilnit'

rapid /´raepid/ adj. prudký, rýchly

rare /reer/ adj. vzácny, neobvyklý

rash /raeš/ s. vyrážka, adj. prenáhlený

raspberry /´rázberi/ s. malina

rat /raet/ s. potkan

rate /rejt/ s. pomer, sadzba, rýchlost',
  stupeň, v. hodnotit'

rather /´rádzer/ adv. radšej, dost'

ration /´raešn/ s. dávka, prídel

rational /´raešenl/ adj. rozumný

raven /´rejvn/ s. havran

raw /ró/ adj. surový /materiál, potravina/

ray /rej/ s. lúč

razor /´rejzer/ s. britva

reach /ríč/ v. siahat', dosiahnut', po-
  dat', s. dosah

react /ri´aekt/ v. reagovat'

read, read, read /ríd, red, red/ v. čítat'

ready /´redi/ adj. hotový, pripravený,
  pohotový, v. pripravit' sa

real /´riel/ adj. skutočný, pravý, ne-
  hnutel'ný

realize /´rielajz/ v. uskutočnit', uve-
  domit' si

really /´rieli/ adv. naozaj, skutočne

rear /rier/ s. zadná časť, pozadie,
  v. pestovať, chovať
reason /ˇrízn/ s. dôvod, príčina, rozum,
  v. uvažovať, odôvodňovať
reasonable /ˇrízenebl/ adj. rozumný, pri-
  meraný
rebel /ˇrebl/ s. povstalec, vzbúrenec,
  v. búriť sa
recall /riˇkól/ v. odvolať, pripomenúť
  si, zrušiť
receipt /riˇsít/ s. potvrdenka, recept
receive /riˇsív/ v. dostať, prijať
recent /ˇrísnt/ adj. nedávny, nový
reception /riˇsepšn/ s. prijatie, recepcia
recipe /ˇresipi/ s. recept, návod
reckless /ˇreklis/ adj. bezstarostný, be-
  zohľadný
reckon /ˇreken/ v. predpokladať, počítať
recognize /ˇrekegnajz/ v. spoznať, uznať
recollect /·rekeˇlekt/ v. spomenúť si
recommend /·rekeˇmend/ v. odporučiť
reconcile /ˇrekensajl/ v. zmieriť sa
record /ˇrekórd/ s. záznam, zápis, gramo-
  fónová platňa, v. zaznamenať
recover /riˇkaver/ v. získať, uzdraviť
  sa, zotaviť sa
rectangle /ˇrektaengl/ s. obdĺžnik

red /red/ adj. červený

reduce /ri´djús/ v. zmenšiť, znížiť, podrobiť, prinútiť

refer /ri´fér/ v. prisudzovať, odvolávať sa, poukazovať, týkať sa

reference /´refrens/ s. vzťah, zmienka, odporúčanie

reflect /ri´flekt/ v. odrážať, premýšľať

reform /ri´fórm/ s. reforma, zlepšenie

refreshment /ri´frešment/ s. občerstvenie, osvieženie

refrigerator /ri´fridžerejter/ s. chladnička

refugee /´refju´dží/ s. utečenec

refund /ri´fand/ v. nahradiť

refuse /ri´fjúz/ v. odmietnuť, s. odpadky

regard /ri´gárd/ v. považovať, pozerať sa, týkať sa, s. ohľad, zreteľ, úcta, rešpekt, pozdrav

region /´rídžn/ s. oblasť, kraj

register /´redžister/ s. zoznam, v. zaznamenať, zapísať

regret /ri´gret/ s. ľútosť, v. ľutovať

regular /´regjuler/ adj. pravidelný

regulations /´regju´lejšns/ s.pl. predpisy, nariadenie

rehearse /riˈhŕŕs/ v. skúšať, opakovať

reign /rejn/ v. vládnuť, s. vláda

reject /riˈdžekt/ v. odmietnuť

relation /riˈlejšn/ s. vzťah, pomer,
  príbuzný

relationship /riˈlejšnšip/ s. vzťah,
  príbuzenstvo

relative /ˈreletiv/ s. príbuzný, adj. po-
  merný, vzájomný

relax /riˈlaeks/ v. uvoľniť /sa/, od-
  dýchnuť si

release /riˈlís/ v. uvoľniť, prepustiť
  s. uvoľnenie, prepustenie

relevant /ˈrelivent/ adj. závažný

reliable /riˈlajebl/ adj. spoľahlivý

relieve /riˈlív/ v. uľaviť, zbaviť,
  vyslobodiť

religion /riˈlidžn/ s. náboženstvo

rely /riˈlaj/ v. spoľahnúť sa

remain /riˈmejn/ v. zostať

remark /riˈmárk/ v. poznamenať, spozo-
  rovať, s. poznámka

remarkable /riˈmárkebl/ adj. pozoruhodný,
  vynikajúci

remedy /ˈremidi/ s. liek, náprava

remember /riˈmember/ v. pamätať si, spo-
  menúť si

remind /ri'majnd/ v. pripomenúť'

remote /ri'mout/ adj. vzdialený, odľahlý

remove /ri'múv/ v. odstrániť', premiestiť'

renew /ri'njú/ v. obnoviť'

rent /rent/ s. nájomné, v. prenajať'

repair /ri'peer/ v. opraviť', s. oprava

repeat /ri'pít/ v. opakovať'

repetition /,repi'tišn/ s. opakovanie

replace /ri'plejs/ v. nahradiť',vrátiť'

reply /ri'plaj/ v. odpovedať', s. odpoveď'

report /ri'pórt/ s. správa, hlásenie, referát, vysvedčenie, v. hlásiť'/sa/, referovať', oznámiť'

represent /,repri'zent/ v. predstavovať', zastupovať'

representative /,repri'zentetiv/ s. predstaviteľ', zástupca

reproach /ri'prouč/ s. výčitka, v. vyčítať'

reptile /'reptajl/ s. plaz

republic /ri'pablik/ s. republika

repulsive /ri'palsiv/ adj. odporný

reputation /,repju'tejšn/ s. dobrá povesť'

request /ri'kwest/ s. žiadosť', v.žiadať'

require /ri´kwajer/ v. požadovat', po-
   trebovat'
rescue /´reskjú/ s. záchrana, v. zachrá-
   nit'
research /ri´sérč/ s. výskum, bádanie
resemble /ri´zembl/ v. podobat' sa
resent /ri´zent/ v. cítit' odpor, ne-
   znášat'
reservation /·rezer´vejšn/ s. výhrada,
   rezervácia
reserve /ri´zérv/ v. rezervovat', vyhra-
   dit'/si/, s. záloha, rezerva, výhrada
residence /´rezidens/ s. bydlisko,sídlo
resign /ri´zajn/ v. vzdat' sa, odstúpit',
   zmierit' sa
resist /ri´zist/ v. odporovat',odolávat'
resolute /´rezelút/ adj. odhodlaný
resolution /·reze´lúšn/ s. rozhodnutie,
   odhodlanie, rezolúcia
respect /ris´pekt/ s. úcta, ohl'ad, zre-
   tel', v. vážit' si, brat' ohl'ad na
respectable /ris´pektebl/ adj. vážený,
   slušný
respective /ris´pektiv/ adj. príslušný,
   dotyčný
respond /ris´pond/ v. reagovat', odpo-
   vedat'

responsible /ris'ponsebl/ adj. zodpovedný

rest /rest/ s. odpočinok, opora, zvyšok,
  v. odpočívat',opriet' sa, zostat'

restaurant /'resterent/ s. reštaurácia

restless /'restlis/ adj. nepokojný

restore /ris'tór/ v. obnovit'

restrict /ris'trikt/ v. obmedzit'

restroom /'rest·rum/ s. záchod

result /ri'zalt/ s. výsledok, následok

resume /ri'zjúm/ v. opät' vziat', pokra-
  čovat', opät' začat'

retire /ri'tajer/ v. odíst', penzionovat'

return /ri'térn/ v. vrátit' sa, dat'
  spät', opätovat', s. návrat, výnos

reveal /ri'víl/ v. odhalit', prezradit'

revenge /ri'vendž/ s. pomsta, v. pom-
  stit' sa

reverse /ri'vérs/ adj. opačný, obrátený,
  v. obrátit', zvrátit', s. opak, rub,
  neúspech

review /ri'vjú/ s. prehl'ad, recenzia,
  v. prezerat', revidovat'

revolt /ri'voult/ s. vzbura, povstanie,
  v. vzbúrit' sa

reward /ri'wórd/ s. odmena, v. odmenit'

rib /rib/ s. rebro

ribbon /'riben/ s. stuha, páska

rice /rajs/ s. ryža

rich /rič/ adj. bohatý, hojný

rid, rid, rid /rid, rid, rid/ v. zbaviť
/sa/

riddle /ˊridl/ s. hádanka

ride, rode, ridden /rajd, roud, ˊridn/ v.
íst'/na koni/ s. jazda

ridiculous /riˊdikjulẹs/ adj. smiešny

rifle /ˊrajfl/ s. puška

right /rajt/ adj. pravý, správny, adv.
vpravo, priamo, hneď, správne, s. prá-
vo, pravda, pravá strana, v. napraviť

rigid /ˊridžid/ adj. strnulý, prísny

rim /rim/ s. lem, obruba

rind /rajnd/ s. šupa, kôra

ring, rang, rung /ring, raeng, rang/ v.
zvoniť, znieť, telefonovat' s. kruh,
prsteň, okruh

rinse /rins/ v. vypláchnuť, plákať

riot /ˊrajẹt/ s. výtržnosť

ripe /rajp/ adj. zrelý

rise, rose, risen /rajz, rouz, ˊrizn/ v.
vstat', stúpat', vychádzat', vznikat',
s. vzostup, stúpanie, zvýšenie

risk /risk/ s. riziko, nebezpečenstvo,
v. riskovat'

rival /ˊrajvl/ s. súper, sok, v.súperit'

river /´river/ s. rieka

road /roud/ s. cesta, ulica

roar /rór/ s. rev, búrka

roast /roust/ v. piecť, opekať, adj. pečený

rob /rob/ v. olúpiť, vylúpiť

robber /´rober/ s. lupič

rock /rok/ s. kameň, skala, v. kolísať

rocket /´rokit/ s. raketa

rod /rod/ s. prút, tyč

roll /roul/ s. zvitok, valec, zoznam, žemľa, v. váľať /sa/, kolísať sa, duniet'

romantic /ro´maentik/ adj. romantický

roof /rúf/ s. strecha

room /rum/ s. miestnosť, izba, miesto, priestor

room-mate /´rum-mejt/ s. spolubývajúci

root /rút/ s. koreň, v. zakoreniť, u-chytiť sa

rope /roup/ s. povraz, lano

rose /rouz/ s. ruža

rot /rot/ s. hniloba, v. hniť

rotten /rotn/ adj. hnilý, skazený

rough /raf/ adj. drsný, hrubý, približný

round /raund/ adj. guľatý, okrúhly, adv. dookola, okolo, s. kruh, okruh, dávka

route /rút/ s. cesta, trat'
row /rau/rou/ s. ruvačka, výtržnost'/
  rad, veslovanie
royal /ˈrojel/ adj. kráľovský
rub /rab/ v. triet', driet'
rubber /ˈraber/ s. guma.
rubbish /ˈrabiš/ s. smeti, nezmysel
rude /rúd/ adj. hrubý, drzý
rug /rag/ s. prikrývka, pokrovec
ruin /rujn/ s. skaza, zrúcanina, v. zni-
  čit', skazit'
rule /rúl/ s. pravidlo, vláda, v. vlád-
  nut', ovládat'
rumor /ˈrúmer/ s. povedačka, povest'
run, ran, run /ran, raen, ran/ v. bežat',
  utekat', jazdit', tiect', viest',
  s. beh, priebeh
rural /ˈrúrel/ adj. vidiecky, dedinský
rush /raš/ s. ruch, nával, v. hnat'/sa/
rust /rast/ s. hrdza, v. hrdzaviet'
ruthless /ˈrúšlis/ adj. nemilosrdný
rye /raj/ s. žito, raž

                    S

sack /saek/ s. vrece, v. prepustit'
sacred /ˈsejkrid/ adj. posvätný, nedot-
  knutý

sacrifice /ˈsaekrifajs/ s. obetʼ, v. obe-
  tovatʼ
sad /saed/ adj. smutný
saddle /ˈsaedl/ s. sedlo, v. osedlatʼ
safe /sejf/ adj. bezpečný, istý, s.trezor
safety /ˈsejfti/ s. bezpečnostʼ
safety-pin /ˈsejfti-pin/ s. zatváracie
  špendlík
sail /sejl/ s. plachta, plavba, v. plavitʼ
  sa, plachtitʼ
sailor /ˈsejler/ s. námorník
saint /sejnt/ adj. svätý, s. svätec
salad /ˈsaeled/ s. šalát
salame /seˈlámi/ s. saláma
salary /ˈsaeleri/ s. plat
sale /sejl/ s. predaj, výpredaj
salesman /ˈsejlzmen/ s. predavač
saliva /seˈlajve/ s. slina
salt /solt/ s. solʼ, adj. slaný, v. solitʼ
salute /seˈlút/ s. pozdrav, salva, v. po-
  zdravitʼ
same /sejm/ pron. ten istý, adv. súčasne
sample /ˈsámpl/ s. vzorka
sand /saend/ s. piesok
sane /sejn/ adj. duševne zdravý, rozumný
sanitary /ˈsaeniteri/ adj. zdravotnícky,
  hygienický

sardine /sár dín/ s. sardinka
satisfactory /·saetis faekteri/ adj. us-
  pokojivý, dostatočný
satisfy /˙saetisfaj/ v. uspokojit'
Saturday /˙saeterdi/ s. sobota
sauce /sós/ s. omáčka
saucepan /˙sóspen/ s. rajnica
saucer /˙sóser/ s. tanierik
sauerkraut /˙sauerkraut/ s. kyslá kapusta
sausage /˙sosidž/ s. klobása
savage /˙saevidž/ adj. divý, surový,
  s. divoch
save /sejv/ v. zachránit', šetrit',sporit'
saw /só/ s. píla
say, said, said /sej, sed, sed/ v. po-
  vedat'
scale /skejl/ s. váha, stupnica, mierka,
  šupina
scar /skár/ s. jazva
scare /skeer/ v. postrašit', vystrašit'
scarf /skárf/ s. šál
scatter /˙skaeter/ v. rozhadzovat', ro-
  zohnat', rozptýlit'
scene /sín/ s. scéna, dejisko, výprava
scent /sent/ s. pach, čuch, voňavka, sto-
  pa, v. cítit', navoňat'
schedule /˙skedjúl/ s. plán, rozvrh, pro-
  gram

scholarship /ˈskoleršip/ s. štipendium
school /skúl/ s. škola
science /ˈsajens/ s. veda
scissors /ˈsizers/ s.pl. nožnice
score /skór/ s. zárez, výsledok, skóre,
  v. skórovať, bodovať
scorn /skórn/ v. opovrhovať, pohŕdať
scoundrel /ˈskaundrel/ s. darebák
scrape /skrejp/ v. škrábať, pozbierať
scratch /skraeč/ v. škrabať, škrtať
scream /skrím/ s. výkrik, v. jačať
screen /skrín/ s. zástena, plátno, clona,
  v. zaclonit', kryt', vyberat'
screw /skrú/ s. skrutka
screw-driver /ˈskrú·drajver/ s.skrutkovač
sculpture /ˈskalpčer/ s. sochárstvo, pla-
  stika
sea /sí/ s. more
seal /síl/ s. pečať, tuleň, v. zapečatiť
seam /sím/ s. šev, žila
seamstress /ˈsemstris/ s. krajčírka
search /sérč/ s. hľadanie, pátranie,
  v. hľadať, prezerat'
seaside /ˈsí·sajd/ s. morské pobrežie
season /ˈsízn/ s. ročné obdobie, sezóna,
  v. okoreniť, uležať
seasoning /ˈsízning/ s. korenie

seat /sít/ s. sedadlo, miesto, v. sad-
  nút' si
second /'sekend/ adj. druhý, s. sekunda
second-hand /'sekend'haend/ adj. použitý
secret /síkrit/ s. tajomstvo, adj. tajný
secretary /'sekretri/ s. tajomník, sekre-
  tár, sekretárka, minister
section /'sekšn/ s. úsek, čast', oddiel
secular /'sekjuler/ adj. svetský
secure /si'kjuer/ adj. bezpečný, istý,
  v. zabezpečit', zaistit'
security /si'kjueriti/ s. bezpečnost',
  istota, záruka
seduce /si'djús/ v. zvádzat', zviest'
see, saw, seen /sí, só, sín/ v. vidiet',
  chápat', dozerat', navštívit'
seed /síd/ s. semeno, zrno
seek, sought, sought /sík, sót, sót/ v.
  hl'adat', usilovat'
seem /sím/ v. zdat' sa
seize /síz/ v. uchopit', zmocnit' sa,
  zabavit'
seldom /'seldem/ adv. zriedka
select /si'lekt/ adj. vybraný, v. vybrat'
selection /si'lekšn/ s. výber
self /self/ pron. sám, sama, samo, ja
selfish /'selfiš/ adj. sebecký

sell, sold, sold /sel, sould, sould/ v.
  predávat', predat'

semolina /·seme'líne/ s. krupica

send, sent, sent /send, sent, sent/ v.
  poslat', posielat'

sender /'sender/ s. odosielateľ

senior /'sínjer/ adj. starší, nadriadený

sensation /sen'sejšn/ s. pocit, rozruch,
  senzácia

sense /sens/ s. zmysel, rozum, v. cítiť,
  tušiť

sensible /'sensebl/ adj. rozumný

sensitive /'sensitiv/ adj. citlivý

sentence /'sentens/ s. veta, rozsudok,
  v. odsúdiť

separate /'seperejt/ oddeliť/sa/, roz-
  ísť sa, adj./'seprit/ oddelený

September /sep'tember/ s. september

sequence /'síkwens/ s. poradie

series /'sieríz/ s.pl. rad, séria

serious /'sierjes/ adj. vážny, dôležitý

servant /'sérvent/ s. sluha

serve /sérv/ v. slúžiť, obslúžiť, ser-
  vírovať

service /'sérvis/ s. služba, obsluha,
  servis

set, set, set /set, set, set/ v. položiť,
  dať, stanoviť, s. súprava, skupina, sada

setting /ˈseting/ s. zasadenie,prostredie
settle /ˈsetl/ v. usadiť sa,osídliť,
  vyriešiť, vyrovnať
seven /ˈsevn/ num. sedem
seventeen /ˈsevnˈtín/ num. sedemnásť
seventy /ˈsevnti/ num. sedemdesiat
several /ˈsevrel/ adj. niekoľko
sew, sewed, sewn /sou, soud, soun/ v.šiť
sewer /ˈsjuer/ s. stoka
sex /seks/ s. pohlavie
sexual /ˈseksjuel/ adj. pohlavný,sexuálny
shade /šejd/ s. tieň, odtieň, tienidlo
shadow /ˈšaedou/ s. tieň, v. zatieniť,
  sledovať
shake, shook, shaken /šejk, šuk, šejkn/
  v. triasť, potriasť, s. otras
shall /šael/ v. budem,...,budeme...
shame /šejm/ s. hanba, stud, v. zahanbiť
shampoo /ˈšaemˈpú/ s. šampón, v. umývať
  /si/ hlavu
shape /šejp/ s. tvar, forma, podoba,
  v. utvárať
share /šeer/ s. podiel, akcia, v. rozde-
  liť si, podielať sa
shark /šárk/ s. žralok
sharp /šárp/ adj. ostrý, bystrý
shave /šejv/ v. holiť /sa/, s. holenie

she /ší/ pron. ona

sheep /šíp/ s.pl. ovca

sheer /šier/ adj. číry, púhy

sheet /šít/ s. plachta, hárok papiera,
  tabuľa /skla/

shelf /šelf/ s. polica

shell /šel/ s. škrupina, lastúra, šrapnel,
  v. lúpať, ostreľovať

shelter /ˈšelter/ s. úkryt, útočište,
  kryt, v. chrániť, ukryť

shift /šift/ s. smena, posun

shine, shone, shone /šajn, šon, šon/ v.
  svietiť, žiariť, lesknúť sa, s. lesk

ship /šip/ s. loď, v. dopraviť

shirt /šért/ s. košeľa

shiver /ˈšiver/ v. chvieť sa, triasť
  sa, s. chvenie

shock /šok/ s. rana, otras, v. pohoršiť

shoe /šú/ s. topánka, poltopánka

shoe-lace /ˈšúlejs/ s. šnúrka

shoot, shot, shot /šút, šot, šot/ v.
  strieľať, vyraziť, točiť/film/,
  s. výstrel, výhonok

shop /šop/ s. obchod, dielňa, v.nakupovať

shore /šór/ s. breh, pobrežie

short /šórt/ adj. krátky, malý

shortage /ˈšórtidž/ s. nedostatok

shorts /'šórts/ s.pl. šortky, trenírky

shortsighted /'šórtsajtid/ adj. krátko-
  zraký

shot /šot/ s. výstrel, zásah, záber

should /šud//kondicionál/

shoulder /'šoulder/ s. rameno

shout /šaut/ v. volať, kričať, s. vý-
  krik, volanie

shovel /'šavl/ s. lopata

show, showed, shown /šou, šoud, šoun/ v.
  ukázať, predvádzať, prejaviť, s. pre-
  hliadka, výstava

shower /'šauer/ s. sprcha, prehánka,
  v. liať

shrink, shrank, shrunk /šrink, šraenk,
  šrank/ v. zrazit sa

shrub /šrab/ s. ker

shut, shut, shut /šat, šat, šat/ v. za-
  tvoriť, zavrieť

shy /šaj/ adj. plachý, nesmelý

sick /sik/ adj. chorý

sickness /'siknis/ s. choroba, nevoľ-
  nosť

side /sajd/ s. strana, bok

sidewalk /'sajdwók/ s. chodník

sieve /siv/ s. sito

sift /sift/ v. presiať

sigh /saj/ s. vzdych, v. vzdychat'
sight /sajt/ s. zrak, pohľad, v.uvidieť'
sign /sajn/ s. znak, značka, v. podpísať'
signal /'signl/ s. signál, znamenie
signature /'signičer/ s. podpis
significance /sig'nifikens/ s. význam
silence /'sajlens/ s. mlčanie, ticho,
  v. umlčať'
silent /'sajlent/ adj. mlčiaci, tichý
silk /silk/ s. hodváb
silly /'sili/ adj. hlúpy
silver /'silver/ s. striebro, adj. strie-
  borný
similar /'similer/ adj. podobný
simple /'simpl/ adj. prostý, jednoduchý
simplify /'simplifaj/ v. zjednodušiť'
sin /sin/ s. hriech, v. hrešiť'
since /sins/ prop., adv. od, odvtedy,
  conj. pretože
sincere /sin'sier/ adj. úprimný
sing, sang, sung /sing, saeng, sang/ v.
  spievať'
singer /'singer/ s. spevák
single /'singl/ adj. jediný, jednoduchý,
  jednotlivý, slobodný, v. vybrať'
sink, sank, sunk /sink, saenk, sank/ v.
  klesať', potopiť' sa, s. výlevka

sir /sér/ s. pan
sister /ˈsister/ s. sestra
sister-in-law /ˈsisterinló/ s. švagriná
sit, sat, sat /sit, saet, saet/ v. se-
  diet', zasadat', posadit' sa
site /sajt/ s. poloha, parcela
sitting-room /ˈsitingrum/ s. obývacia
  izba
situation /·sitjuˈejšn/ s. situácia, po-
  loha
six /siks/ num. šesť
sixteen /ˈsiksˈtín/ num. šestnásť
sixty /ˈsiksti/ num. šesťdesiat
size /sajz/ s. veľkosť, rozmer, číslo
skate /skejt/ s. korčuľa, v.korčuľovať
ski /skí/ s. lyže, v. lyžovať
skill /skil/ s. zručnosť, obratnosť
skin /skin/ s. koža, šupka, v. stiahnuť
skinny /ˈskini/ adj. chudý, vyziabnutý
skip /skip/ v. skákať, preskočiť
skirt /skért/ s. sukňa
sky /skaj/ s. obloha, nebo
skylark /ˈskajlárk/ s. škovránok
skyscraper /ˈskajˈskrejper/ s. mrakodrap
slacks /ˈslaeks/ s. pl. nohavice
slander /ˈslánder/ s. ohováračka
slaughter /ˈslóter/ s. porážka, masaker

Slav /sláv/ s. Slovan

slave /slejv/ s. otrok

sledge /sledž/ s. sánky

sleep, slept, slept /slíp, slept, slept/
v. spat', s. spánok

sleeve /slív/ s. rukáv

slice /slajs/ s. plátok, krajec

slide, slid, slid /slajd, slid, slid/ v.
kĺzat'/sa/, šmýkat' sa, s. šmýkačka,
diapozitív

slight /slajt/ adj. drobný, krehký, ne-
patrný

slim /slim/ adj. štíhly

slip /slip/ s. pokĺznutie, omyl, kúsok,
v. pošmyknút' sa, zasunút', uniknút',
pomýlit' sa

slipper /´sliper/ s. papuča

slippery /´sliperi/ adj. klzký

slogan /´slougen/ s. heslo

slope /sloup/ s. svah, sklon

Slovak /´slouvaek/ s. Slovák, adj. slo-
venský

Slovakia /slo´vaekie/ s. Slovensko

slow /slou/ adj. pomalý, adv. pomaly

small /smól/ adj. malý, drobný

smart /smárt/ adj. bystrý, ostrý, ele-
gantný

smash   /smaeš/ v. rozbiť, roztrieštiť
smear   /smier/ v. zašpiniť, s. škvrna
smell, smelt, smelt   /smel, smelt, smelt/
  v. čuchať, páchnuť, zapáchať, s.čuch,
  pach, zápach, vôňa
smile   /smajl/ s. úsmev, v. usmievať sa
smoke   /smouk/ s. dym, v. fajčiť, údiť
smoker   /'smouker/ s. fajčiar
smooth   /smúdz/ adj. hladký, rovný, mier-
  ny, v. vyhladiť, urovnať
smuggle /'smagl/ v. pašovať
snack   /snaek/ s. občerstvenie
snail   /snejl/ s. slimák
snake   /snejk/ s. had
sneeze   /sníz/ s. kýchnutie, v. kýchať
sniff   /snif/ v. čuchať
snore   /snór/ v. chrápať
snow   /snou/ s. sneh
snowman /'snoumaen/ s. snehuliak
so   /sou/ conj. tak, a tak, dosiaľ
soak /souk/ v. namočiť, premočiť/sa/
soap /soup/ s. mydlo, v. mydliť
soar /sór/ v. prudko stúpať
sober /'souber/ adj. triezvy
soccer /'soker/ s. futbal
social /'soušl/ adj. spoločenský,sociálny
socialism /'soušelizm/ s. socializmus

society /se'sajeti/ s. spoločnosť

sock /sok/ s. ponožka

sofa /'soufe/ s. pohovka, diván

soft /soft/ adj. mäkký, tlmený

soft drink /soft-drink/ s. nealkoholický
 nápoj

soil /sojl/ s. pôda, prsť, v. zašpiniť

soldier /'souldžer/ s. vojak

sole /soul/ adj. jediný, výhradný, s.cho-
 didlo, podošva

solid /'solid/ adj. pevný, solídny, spo-
 ľahlivý, s. hmota, teleso

solitude /'solitjúd/ s. samota

soluble /'soljubl/ adj. rozpustný

solution /se'lúšn/ s. riešenie, roztok

solve /solv/ v. rozriešiť, riešiť

some /sam/ pron., adv. nejaký, niektorý,
 niekoľko, trocha

somebody /'sambedi/ pron. niekto

somehow /'samhau/ adv. nejako

someone /'samwan/ pron. niekto

something /'samSing/ pron. niečo

sometimes /'samtajmz/ adv. niekedy

somewhere /'samweer/ adv. niekde

son /san/ s. syn

song /song/ s. pieseň

son-in-law /'saninló/ s. zať

soon /sún/ adv. skoro

sore /sór/ adj. bol'avý, s. bol'ačka

sorrow /'sorou/ s. žial', zármutok

sorry /'sori/ /be.../ v. l'utovat'

sort /sórt/ s. druh, akost', v. triedit',
  vyriešit'

soul /soul/ s. duša

sound /saund/ s. zvuk, v. zniet', adj.
  zdravý, poriadny

soup /súp/ s. polievka

sour /'sauer/ adj. kyslý, trpký

source /sórs/ s. zdroj, prameň

south /sauS/ s. juh, adj. južný

sovereignty /'sovrenti/ s. zvrchovanost'

sow, sowed, sown /sou, soud, soun/ v.
  siat', rozsievat'

space /spejs/ s. priestor, obdobie

spacious /'spejšes/ adj. priestranný,
  rozl'ahlý

spade /spejd/ s. rýl'

spare /speer/ adj. nadbytočný, náhradný,
  rezervný, v. ušetrit'

spark /spárk/ s. iskra, v. iskrit'

sparrow /'spaerou/ s. vrabec

spasm /'spaezm/ s. kŕč

speak, spoke, spoken /spík, spouk, spou-
  ken/ v. hovorit', rozprávat'

speaker /ˈspíker/ s. rečník
special /ˈspešl/ adj. zvláštny, špeciálny
specialist /ˈspešelist/ s. odborník
specific /spiˈsifik/ adj. presný, určitý
spectator /spekˈtejter/ s. divák
speech /spíč/ s. reč, prejav
speed /spíd/ s. rýchlosť
speed, sped, sped /spíd, sped, sped/ v.
  ponáhľať sa, uháňať, zrýchliť
spell /spel/ s. kúzlo, obdobie, v. hlás-
  kovať
spend, spent, spent /spend, spent, spent/
  v. vydať, utratiť, spotrebovať, strá-
  viť /čas/
spice /spajs/ s. korenie, v. koreniť
spider /ˈspajder/ s. pavúk
spill, spilt, spilt /spil, spilt, spilt/
  v. rozliať /sa/, rozsypať
spin, spun, spun /spin, span, span/ v.
  priasť, točiť /sa/
spinach /ˈspinidž/ s. špenát
spine /spajn/ s. chrbtová kosť, osteň
spirit /ˈspirit/ s. duch, nálada, lieh,
  alkohol
spit, spat, spat /spit, spaet, spaet/ v.
  pľuvať, prskať
splash /splaeš/ v. špliechať, striekať

splendid /'splendid/ adj. skvelý, nádherný

splinter /'splinter/ s. trieska, črepina

split, split, split /split, split, split/ v. štiepat', rozdelit', s. rozštiepenie, trhlina, rozkol

spoil, spoilt, spoilt /spojl, spojlt, spojlt/ v. kazit', pokazit'/sa/, rozmaznat', hýčkat'

sponge /spandž/ s. špongia

sponsor /'sponser/ s. ručitel', v. podporovat', zaručit' sa

spoon /spún/ s. lyžica

sport /spórt/ s. šport, zábava

spot /spot/ s. škvrna, miesto, v. zašpinit', všimnút' si

spouse /spauz/ s. manžel, manželka, druh, družka

spray /sprej/ s. vetvička, postrek, v. postriekat'

spread, spread, spread /spred, spred, spred/ v. rozširovat', rozprestierat', mazat', prestriet', potierat'

spring /spring/ s. jar, skok, prameň, pružina

spring, sprang, sprung /spring, spraeng, sprang/ v. skákat', pochádzat'

sprinkle /´sprinkl/ v. pokropiť, po-
striekať, posypať

spruce /sprús/ s. smrek

spy /spaj/ s. špión, špeh, v. špehovať

square /skweer/ s. štvorec, námestie,
adj. štvorhranný, pravouhlý, poctivý,
v. urovnať

squeeze /skwíz/ s. stisnutie, tlačenica,
v. stlačiť, stisnúť

squirrel /´skwirel/ s. veverica

stab /staeb/ s. bodnutie, v. bodnúť

stability /ste´biliti/ s. stálosť, pev-
nosť

stable /´stejbl/ adj. stály, pevný, sta-
bilný, s. stajňa

stack /staek/ s. stoh, kopa, v. skladať

staff /stáf/ s. personál, zbor, palica

stage /stejdž/ s. javisko, štádium, ob-
dobie, v. režírovať

stain /stejn/ s. škvrna, v. poškvrniť,
farbiť

stair /steer/ s. schod

stake /stejk/ s. kôl, stávka

stale /stejl/ adj. starý, zvetraný

stall /stól/ s. stánok, kreslo, v. vy-
nechávať

stammer /´staemer/ v. koktať

stamp /staemp/ s. poštová známka, pe-
čiatka, dupnutie, v. pečiatkovat', du-
pat', drvit'

stand, stood, stood /staend, stud, stud/
v. stat', postavit', vydržat', platit',
s. stanovisko, stánok, stojan, zastávka

star /stár/ s. hviezda

starch /stárč/ s. škrob, v. škrobit'

stare / steer/ v. uprene hl'adiet'

start /stárt/ v. začat', spustit', trh-
nút' sebou, s. začiatok, štart, trhnutie

startle /'stártl/ v. vystrašit', poplašit'

starve /stárv/ v. hladovat', umierat'
hladom, túžit' po

state /stejt/ s. stav, štát, v. stanovit',
vyhlásit'

statement /'stejtment/ s. vyhlásenie

station /'stejšn/ s. stanica, nádražie,
postavenie, v. pridelit', umiestit'

stationary /'stejšneri/ adj. nehybný, stály

stationery /'stejšneri/ s. papiernictvo

statue /'staetjú/ s. socha

status /'stejtes/ s. postavenie

stay /stej/ v. zostat', bývat', zastavit',
s. pobyt, zastavenie

steady /'stedi/ adj. pevný, stály, v. u-
pevnit' /sa/, upokojit' /sa/

steak /stejk/ s. hovädzí rezeň

steal, stole, stolen /stíl, stoul, stou-
  len/ v. kradnúť', kradnúť' sa, s.krádež

steam /stím/ s. para, v. variť' v pare

steamer /'stímer/ s. parník

steel /stíl/ s. oceľ', adj. oceľ'ový

steep /stíp/ adj. príkry, strmý

steer /stier/ v. kormidlovať', viesť'

steering-wheel /'stierinwíl/ s. volant

stem /stem/ s. kmeň, stonka, v. zaraziť'

step /step/ s. krok, stupeň, schod,
  v. kráčať', stúpiť'

step... /step.../ adj. nevlastný

stepmother /'step-madzer/ s. macocha

stew /stjú/ s. dusené mäso

stick, stuck, stuck /stik, stak, stak/
  v. prepichnúť', nalepiť', držať' sa,
  s. palica, tyčka

sticky /'stiki/ adj. lepkavý

stiff /stif/ adj. tuhý, neohybný, upätý

still /stil/ adv. ešte, stále, predsa
  len, adj. nehybný, tichý, v. upokojiť'

stimulate /'stimjulejt/ v. povzbudiť',
  podráždiť'

sting, stung, stung /sting, stang, stang/
  v. pichnúť', bodnúť', s. žihadlo, bod-
  nutie, pichnutie

stink, stank, stunk /stink, staenk,stank/
  v. zapáchat', smrdiet', s. zápach
stir /stér/ v. hýbat' /sa/, miešat', po-
  búrit', s. pohyb, rozruch
stitch /stič/ s. pichanie, steh, v. šit'
stock /stok/ s. zásoba, kmeň, rod, kapi-
  tál, akcie, v. mat' na sklade, zásobit'
stocking /´stoking/ s. pančucha
stomach /´stamek/ s. žalúdok
stone /stoun/ s. kameň, kôstka, adj. ka-
  menný
stool /stúl s. stolička, stolica
stop /stop/ v. zastavit' /sa/, prestat',
  zadržat', s. zastávka, prestávka
store /stór/ s. obchod, predajňa, zásoba,
  sklad, v. zásobit', uskladnit'
storm /stórm/ s. búrka, útok, v. burácat',
  zúrit', útočit'
story /´stóri/ s. príbeh, poviedka, roz-
  právanie, poschodie
stove /stouv/ s. sporák
straight /strejt/ adj. rovný, priamy,
  poctivý, adv. rovno, priamo
strain /strejn/ v. napnút', namáhat' /sa/,
  cedit', s. námaha, vypätie
strand /straend/ s. prameň, v. uviaznut'
strange /strejndž/ adj. cudzí, zvláštny

stranger /´strejndžer/ s. cudzinec, ne-
známy
strangle /´straengl/ v. škrtiť
straw /stró/ s. slama, slamka, adj. sla-
mený
strawberry /´stróbri/ s. jahoda
stray /strej/ v. zatúlať sa, zablúdiť,
adj. zatúlaný
streak /strík/ s. pruh, prúžok
stream /strím/ s. prúd, tok, v. prúdiť
street /strít/ s. ulica
strength /strengS/ s. sila, moc
stress /stres/ s. tlak, tieseň, prízvuk,
napätie, v. zdôrazniť
stretch /streč/ v. natiahnuť, roztiah-
nuť /sa/, s. roztiahnutie, úsek
stretcher /´strečer/ s. nosidlá
striot /strikt/ adj. prísny, presný
strike, struck, struck /strajk, strak,
strak/ v. udrieť, raziť, prekvapiť,
s. štrajk
string /string/ s. povrázok, šnúra, stru-
na, v. navliekať, napnúť
stripe /strajp/ s. pruh, prúžok
striped /strajpt/ adj. pruhovaný
strive, strove, striven /strajv, strouv,
strivn/ v. usilovať, snažiť sa

stroke /strouk/ s. úder, rana, pohlade-
nie, mŕtvica, t'ah, v. pohladit'
strong /strong/ adj. silný, pevný
structure /´strakčer/ s. štruktúra, stav-
ba
struggle /´stragl/ v. zápasit', bojovat',
usilovat', s. zápas, boj
stubborn /´staberň/ adj. tvrdohlavý
student /´stjúdnt/ s. študent
study /´stadi/ s. štúdium, študovňa,
v. študovat', učit' sa
stuff /staf/ s. látka, materiál, vec,
v. napchat', naplnit'
stupid /´stjúpid/ adj. hlúpy
stupidity /stjú´piditi/ s. hlúpost',
sprostost'
sturdy /´stérdi/ adj. pevný, silný
style /stajl/ s. sloh, štýl
subconscious /sab´konšes/ adj. podvedomý
subdue /seb´djú/ v. potlačit', zmiernit'
subject /´sabdžikt/ adj. podrobený, pod-
daný, náchylný, s. predmet, téma, v. po-
drobit', vystavit'/čomu/
submarine /´sabmerín/ s. ponorka
submit /seb´mit/ v. podrobit' sa, pred-
ložit'
subsidize /´sabsidajz/ v. podporovat',
dotovat'

substance /ˈsabstɛns/ s. podstata, jadro

substantial /sɛbˈstaenšl/ adj. podstatný, hmotný, dokladný, zámožný

substitute /ˈsabstitjút/ s. náhradník, náhradka, v. zastúpiť

subtle /ˈsatl/ adj. jemný, bystrý, zákerný

subtract /sɛbˈtraekt/ v. odčítať

suburb /ˈsabérb/ s. predmestie

subway /ˈsabwej/ s. podzemní dráha, podchod

succeed /sɛkˈsíd/ v. nasledovať, mať úspech

success /sɛkˈses/ s. úspech, zdar

successful /sɛkˈsesful/ adj. úspešný

such /sač/ pron. taký

suck /sak/ v. cicať

sudden /ˈsadn/ adj. náhly, nepredvídaný

suddenly /ˈsadnli/ adv. zrazu, náhle

sue /sjú/ v. žalovať

suffer /ˈsafɛr/ v. trpieť, strpieť

suffering /ˈsafɛring/ s. utrpenie

sufficient /sɛˈfišnt/ adj. dostatočný

suffocate /ˈsafɛkejt/ v. udusiť, dusiť sa

sugar /ˈšugɛr/ s. cukor

suggest /sɛˈdžest/ v. navrhovať, dať podnet, poukazovať

suggestion /se džescn/ s. návrh, podnet
suicide /´sjusajd/ s. samovražda
suit /sjút/ s. oblek, žiadost', proces,
  v. hodit' sa, vyhoviet', pristat'
suitable /´sjútebl/ adj. vhodný
suit-case /´sjútkejs/ s. kufor
sum /sam/ s. čiastka, suma, súčet, v.
  spočítat', zhrnút'
summer /´samer/ s. leto
summit /´samit/ s. vrchol, schôdzka
summon /´samen/ v. predvolat', vyzvat',
  s. predvolanie
sun /san/ s. slnce
Sunday /´sandi/ s. nedel'a
sunflower /´san flauer/ s. slnečnica
sunny /´sani/ adj. slnečný, jasný
sunrise /´sanrajz/ s. východ slnka
sunset /´sanset/ s. západ slnka
sunshine /´sanšajn/ adv. slnečno
suntanned /´san taend/ adj. opálený
superb /sju pérb/ adj. nádherný, úžasný
superficial /·sjúper fišl/ adj. povrchný
superior /sju pírjer/ adj. vyšší, lepší,
  s. nadriadený, predstavený
superstition /·sjúper stišn/ s. povera
superstitious /·sjúper stišes/ adj. pover-
  čivý

supervise /´sjúpervajz/ v. dozerat'

supper /´saper/ s. večera

supply /se´plaj/ v. zásobovat', dodávat',
s. zásoba, dodávka

support /se´pórt/ v. podpierat', podpo-
rovat', zniest', s. podpora, podpera

suppose /se´pouz/ v. predpokladat', do-
mnievat' sa

suppress /se´pres/ v. potlačit'

supreme /sju´prím/ adj. najvyšší, zvr-
chovaný

sure /šuer/ adj. istý, spol'ahlivý,
adv. iste

surf /serf/ s. príboj

surface /´serfis/ s. povrch, v.vynorit'sa

surgery /´serdžeri/ s. chirurgia, operá-
cia, ordinácia

surname /´sernejm/ s. priezvisko

surplus /´serples/ s. prebytok

surprise /se´prajz/ v. prekvapit', s.pre-
kvapenie

surrender /se´render/ v. vzdat' sa, s.ka-
pitulácia

surround /se´raund/ v. obklopit', ob-
kl'účit'

surroundings /se´raundingz/ s.pl. okolie,
prostredie

survive /se̬ˈvajv/ v. prežit'

suspect /sesˈpekt/ v. podozrievat', adj. podozrivý

suspicion /sesˈpišn/ s. podozrenie

suspicious /sesˈpiše̬s/ adj. podozrivý, podozrievavý

swallow /ˈswolǝ/ v. prehĺtat', s. prehltnutie, lastovička

swamp /ˈswomp/ s. barina, močiar

swan /swon/ s. labut'

swear, swore, sworn /swee̬r, swór, swórn/ v. prisahat', kliat', s. zakliatie

sweat /swet/ s. pot, v. potit' sa

sweep, swept, swept /swíp, swept, swept/ v. zametat', s. zametanie, rozmach

sweet /swít/ adj. sladký, milý, s. múčnik, cukrovinka

sweetheart /ˈswíthárt/ s. miláčik, milenka, milenec

swell, swelled, swollen /swel, sweld, ˈswoule̬n/ v. opúchat', nadúvat' /sa/, adj. skvelý

swift /swift/ adj. rýchly, prudký

swim, swam, swum /swim, swaem, swam/ v. plávat'

swimming-pool /ˈswiming-púl/ s. bazén

swim-suit /ˈswimsjút/ s. plavky

swine /swajn/ s. sviňa

swing, swung, swung /swing, swang, swang/
  v. kolísat' sa, mávat', s. kolísanie,
  rozmach, hojdačka

switch /swič/ s. vypínač, v. prepnút'

swop /swop/ v. vymenit' si

sword /sórd/ s. meč

sympathy /´simpeSi/ s. účast', pochope-
  nie, sústrast'

symptom /´simptem/ s. príznak

system /´sistim/ s. systém, sústava

systematic /-sisti´maetik/ adj. sústavný

T

table /´tejbl/ s. stól, tabul'ka

table-cloth /´tejblkloS/ s. obrus

tablespoon /tejblspún/ s. polievková ly-
  žica

tactful /´taektful/ adj. taktný

tag /taeg/ s. cedul'ka, prívesok

tail /tejl/ s. chvost, v. sledovat'

tailor /´tejler/ s. krajčír

take, took, taken /tejk, tuk, ´tejkn/ v.
  vziat', uchopit', brat', trvat',odviest'

talk /tók/ v. rozprávat', s. hovor

tall /tól/ vysoký, vel'ký

tangerine /·taendže'rín/ s. mandarínka

tangle /'taengl/ v. zamotat'/sa/, za-
pliest'/sa/, s. splet'

tank /taenk/ s. nádrž, tank, cisterna

tape /tejp/ s. páska

tape-recorder /'tejpri'kórder/ s. magne-
tofón

target /'tárgit/ s. terč, plán

tart /tárt/ s. ovocná torta

task /tásk/ s. úloha, úkol

taste /tejst/ s. chut', vkus, v. okúsit'

tax /taeks/ s. daň, poplatok

taxi /'taeksi/ s. taxi, taxík

tea /tí/ s. čaj, v. olovrantovat'

teach, taught, taught /tíč, tót, tót/ v.
učit', vyučovat'

teacher /'tíčer/ s. učitel'/ka

teapot /'típot/ s. čajová kanvica

tear, tore, torn /teer, tór, tórn/ v.
trhat', roztrhnút', s. diera

tear /tier/ s. slza

teaspoon /'tíspún/ s. lyžička

telephone /'telifoun/ s. telefón, v. te-
lefonovat'

television /'teli'vižn/ s. televízia

tell, told, told /tel, tould, tould/ v.
povedat', rozprávat'

temper /ˈtempɘr/ s. povaha, nálada
temperature /ˈtempričɘr/ s. teplota
temporary /ˈtempɘreri/ adj. dočasný, pre-
chodný
temptation /tempˈtejšɘn/ s. pokušenie
tempting /ˈtempting/ adj. lákavý
ten /ten/ num. desat'
tenant /ˈtenɘnt/ s. nájomník, nájomca
tend /tend/ v. mat' sklon, smerovat',sta-
rat' sa
tendency /ˈtendɘnsi/ s. sklon, tendencia
tender /ˈtendɘr/ adj. nežný, jemný, mäk-
ký, s. ponuka
tennis /ˈtenis/ s. tenis
tense /tens/ adj. napätý, strnulý
tension /ˈtenšn/ s. napätie
tent /tent/ s. stan
term /térm/ s. termín, obdobie, názov
terminal /ˈterminl/ adj. konečný, s. ko-
nečná stanica
terminate /ˈtérminejt/ v. zakončit',
končit'
terrible /ˈterɘbl/ adj. hrozný, strašný
terrific /teˈrifik/ adj. hrozný, vel'ko-
lepý
terrify /ˈterifaj/ v. podesit'
territory /ˈteritɘri/ s. územie

terror /ˈterer/ s. hrôza, teror
test /test/ s. skúška, v. skúšat'
testify /ˈtestifaj/ v. svedčit',dosvedčit'
testimony /ˈtestimeni/ svedectvo
than /dzaen/ conj. než, ako
thank /Saenk/ v. d'akovat', pod'akovat'
that /dzaet/ pron. ten, tá, to, ktorý,
  conj. že, aby
thaw /Só/ v. rozpúšt'at', s. topenie
the /dze/ člen určitý
theatre /ˈSieter/ s. divadlo
theft /Seft/ s. krádež
their /dzeer/ pron. ich
then /dzen/ adv. potom, vtedy, teda
there /dzeer/ adv. tam, no tak
therefore /dzeerˈfór/ adv. preto
thermometer /Serˈmomiter/ s. teplomer
they /dzej/ pron. oni, ony
thick /Sik/ adj. tlstý, hustý, hrubý
thickness /Siknis/ s. tučnota, hustota
thief /Síf/ s. zlodej
thigh /Saj/ s. stehno
thin /Sin/ adj. tenký, chudý, riedky
thing /Sing/ s. vec
think, thought, thought /Sink, Sót, Sót/
  v. mysliet', premýšl'at'
thirst /Sérst/ s. smäd
thirsty /ˈSérsti/ adj. smädný

thirteen /ˈSértín/ num. trinásť

thirty /ˈSérti/ num. tridsať

this /dzis/ pron. tento, táto, toto

thistle /ˈSisl/ s. bodliak

thorn /Sórn/ s. tŕň

thorough /ˈSare/ adj. úplný, dokonalý

though /dzou/ conj. hoci, adv.predsa len

thought /Sót/ s. myšlienka, myslenie

thousand /ˈSauznd/ num. tisíc

thrash /Sraeš/ v. biť, tĺcť

thread /Sred/ s. niť, vlákno, v.navliecť

threat /Sret/ s. hrozba

threaten /ˈSretn/ v. hroziť, ohroziť

three /Srí/ num. tri

threshold /ˈSrešould/ s. prah

thrill /Sril/ s. vzrušenie, napätie, v. napnúť, vzrušiť

thriller /ˈSriler/ s. detektívka

throat /Srout/ s. hrdlo

throne /Sroun/ s. trón

through /Srú/ prep. cez, prostredníctvom

throw, threw, thrown /Srou, Srú, Sroun/ v. hádzať, hodiť

thrust, thrust, thrust /Srast, Srast, Srast/ v. vraziť, strčiť, s. výpad

thumb /Sam/ s. palec /na ruke/

thunder /ˈSander/ s. hrom, hrmenie, v. hrmieť, duniet'

Thursday /'Sérzdi/ s. štvrtok

thus /dzas/ adv. takto

ticket /'tikit/ s. lístok, vstupenka

tide /tajd/ s. príliv a odliv, prúd

tidy /tajdi/ adj. úhľadný, uprataný,
  v. upratať, upraviť

tie /taj/ s. viazanka, kravata, puto,
  nerozhodný výsledok, v. zaviazať

tiger /'tajger/ s. tiger

tight /tajt/ adj. tesný, napnutý

tights /'tajts/ s. pl. pančuchové no-
  havice

tile /tajl/ s. dlaždica, škridla

till /til/ prep. do, až do, dokiaľ nie,
  v. obrábať pôdu

tilt /tilt/ v. nakloniť /sa/

time /tajm/ s. čas, doba, lehota, v. na-
  časovať, merať

time-table /'tajm'tejbl/ s. rozvrh hodín,
  cestovný poriadok

tin /tin/ s. cín, plech, plechovka

tint /tint/ s. odtieň, v. zafarbiť

tiny /'tajni/ adj. malý, drobný

tip /tip/ s. koniec, cíp, prepitné, rada

tire /'tajer/ v. ustať, unaviť sa,
  s. pneumatika

tired /'tajerd/ adj. ustatý

tissue /ˈtišjú/ s. tkanivo, tkanina
title /ˈtajtl/ s. titul, názov, nárok
to /tú, tu/ prep. ku, do, na
toast /toust/ s. opekaný chlieb, prípitok
today /teˈdej/ adv. dnes
toe /tou/ s. prst na nohe, špička
together /teˈgedzer/ adv. spolu, dokopy
tolerant /ˈtolerent/ adj. znášanlivý
tolerate /ˈtolerejt/ v. znášat', trpiet'
tomato /teˈmátou/ s. paradajka
tomorrow /teˈmorou/ adv. zajtra
ton /tan/ s. tona
tone /toun/ s. tón, zvuk
tongue /tang/ s. jazyk
tonight /teˈnajt/ adv. dnes večer
too /tú/ adv. príliš, tiež
tool /túl/ s. nástroj, náčinie
tooth /túS/ s. zub
toothbrush /ˈtúSbraš/ s. zubná kefka
tooth-paste /ˈtúSpejst/ s. zubná pasta
top /top/ s. vrchol, vŕšok, povrch,
  adj. vrchný, v. prekonat'
torch /tórč/ s. pochodeň, baterka
torment /ˈtórment/ s. muky, trápenie,
  v. mučit', trápit'
torture /ˈtórčer/ s. mučenie, v. mučit'
total /ˈtoutl/ adj. celkový, úplný,
  s. súčet, úhrn

touch /tač/ v. dotknúť sa, dotýkať sa,
s. dotyk, hmat, styk

touchy /´tači/ adj. nedotklivý, citlivý

tough /taf/ adj. tuhý, pevný, húževnatý,
obťažný

tour /tuer/ s. cesta, túra, v. cestovať

tourist /´tuerist/ s. turista

tow /tou/ v. vliecť, ťahať

towards /´te wódz/ prep. k, ku

towel /´tauel/ s. uterák

tower /´tauer/ s. veža, v. týčiť sa

town /taun/ s. mesto

toy /toj/ s. hračka

trace /trejs/ s. stopa, v. sledovať

track /traek/ s. stopa, dráha, trať,
v. stopovať

trade /trejd/ s. obchod, živnosť, v. ob-
chodovať

traffic /´traefik/ s. premávka, dopravný
ruch, obchod

tragic /´traedžik/ adj. tragický

trail /trejl/ s. cestička, stopa

train /trejn/ s. vlak, vlečka, sprievod,
v. cvičiť, školiť

training /´trejning/ s. výcvik, školenie

traitor /´trejter/ s. zradca

tram /traem/ s. električka

transfer /ˈtraensfer/ v. preniesť, pre-
 miestniť, prestupovať, s. prevod
transform /traensˈfórm/ v. premeniť'
translate /traensˈlejt/ v. preložiť',
 prekladať'
translation /traensˈlejšn/ s. preklad
transport /traensˈpórt/ s. doprava, v.do-
 pravovať'
trap /traep/ s. pasca, v. chytať' do
 pasce
trash /traeš/ s. odpadky, brak
travel /ˈtraevl/ v. cestovať', ísť', s.
 cesta, cestovanie
traveler /ˈtraevler/ s. cestovateľ', ces-
 tujúci
tray /trej/ s. podnos
treason /ˈtrízn/ s. zrada
treasure /ˈtrežer/ s. poklad, v. vážiť' si
treat /trít/ v. zaobchádzať', považovať',
 hostiť', liečiť', s. pohostenie,pôžitok
treaty /ˈtríti/ s. zmluva, dohoda
tree /trí/ s. strom
tremble /ˈtrembl/ v. chvieť' sa, báť' sa
trend /trend/ s. sklon, tendencia
trespass /ˈtrespes/ v. prekročiť'
trial /ˈtrajel/ s. pokus, proces
triangle /ˈtrajaengl/ s. trojuholník

tribe   /trajb/ s. kmeň, rod

trick   /trik/ s. úskok, podvod, v. pod-
  viesť'

trifle   /´trajfl/ s. maličkosť'

trigger   /´triger/ s. spúšť', kohútik

trim   /trim/ v. pristrihnúť', upraviť',
  adj. upravený, úhl'adný

trip   /trip/ s. výlet, zakopnutie

troops   /trúps/ s.pl. vojsko, oddiely

trouble   /´trabl/ s. starosť', nekl'ud,
  t'ažkosť', v. obt'ažovat', trápiť'

trousers   /´trauzes/ s.pl. nohavice

trout   /traut/ s. pstruh

truce   /trús/ s. prímerie

truck   /trak/ s. nákladné auto, vagón

true   /trú/ adj. pravdivý, verný

trumpet   /´trampit/ s. trúbka

trunk   /trank/ s. kmeň, trup, kufor,
  chobot

trust   /trast/ s. dôvera, v. dôverovať'
  dúfať'

truth   /trúS/ s. pravda

try   /traj/ v. pokúsiť' sa, vyskúšať',
  snažiť' sa, súdiť'

tub   /tab/ s. vaňa, sud, džber

tube   /tjúb/ s. trúbka, rúra, hadica,
  podzemná dráha

Tuesday /ˈtjúzdi/ s. utorok
tulip /ˈtjúlip/ s. tulipán
tune /tjún/ s. melódia, v. naladiť
tunnel /ˈtanl/ s. tunel
turkey /ˈtérki/ s. moriak
turn /térn/ v. otočiť/sa/, obrátiť/sa/,
   meniť, stať sa, s. obrat, poradie
turn off /ˈtérn ˈof/ v. vypnúť
turn on /ˈtérn ˈon/ v. zapnúť
turtle /ˈtértl/ s. korytnačka
tweezers /ˈtwízes/ s.pl. pinzeta
twelve /twelv/ num. dvanásť
twenty /ˈtwenti/ num. dvadsať
twins /twinz/ s. pl. dvojčatá
twist /twist/ v. krútiť/sa/, prekrúcať
two /tú/ num. dva
type /tajp/ s. typ, písmo, v. písať na
   stroji
typewriter /ˈtajprajter/ s. písací stroj
typist /ˈtajpist/ s. pisár/ka

U

ugly /ˈagli/ adj. škaredý
ulcer /ˈalser/ s. vred
umbrella /amˈbrele/ s. dáždnik
unable /anˈejbl/ adj. neschopný

unanimous /ju´naenimes/ adj. jednomy-
sel'ný

unarmed /´an´ármd/ adj. neozbrojený

unbearable /an´beerebl/ adj. neznesitel'-
ný

unbelievable /´anbi´lívebl/ adj. neuve-
ritel'ný

unbutton /an´batn/ v. rozopnút'

uncle /´ankl/ s. strýc

unconscious /an´konšes/ adj. v bezvedomí,
neúmyselný

under /´ander/ prep. pod, za, pri, menej
ako

underestimate /´ander´estimejt/ v. pod-
ceňovat'

underground /´ander´graund/ adj. podzem-
ný, s. podzemná dráha

underline /´ander´lajn/ v. zdôraznit'

underneath /´ander´níS/ adv. dole, pod

understand /´ander´staend/ v. rozumiet',
chápat', dozvediet' sa

underwear /´anderweer/ s. spodná bielizeň

undress /´an´dres/ v. vyzliect'/sa/

unemployed /´anim´plojd/ adj. nezamest-
naný

unemployment /´anim´plojment/ s. neza-
mestnanost'

uneven /anˈívn/ adj. nerovný

unexpected /ˈaniksˈpektid/ adj. neoča-
kávaný

unfair /anˈfeer/ adj. nespravodlivý, ne-
poctivý

unfaithful /anˈfejSful/ adj. neverný

unfit /anˈfit/ adj. nevhodný

unfold /anˈfould/ v. rozvinúť', odhaliť'

unfortunate /anˈfórčenit/ adj. nešťastný

unfriendly /anˈfrendli/ adj. nepriateľ-
ský

unfurnished /anˈférništ/ adj. nezariadený

unhappy /anˈhaepi/ adj. nešťastný

unhealthy /anˈhelSi/ adj. nezdravý

uniform /ˈjunifórm/ s. uniforma, adj.jed-
notný, rovnaký

unify /ˈjunifaj/ v. zjednotiť'

union /ˈjúnjen/ s. jednota, zväz

unique /júˈník/ adj. jedinečný

unit /ˈjúnit/ s. jednotka, celok

unite /júˈnajt/ v. spojiť', zjednotiť'

universe /ˈjúnivérs/ s. vesmír

university /ˈjúniˈvérsiti/ s. univerzita

unjust /anˈdžast/ adj. nespravodlivý

unknown /ˈanˈnoun/ adj. neznámy

unless /enˈles/ conj. ak nie

unlike /ˈanˈlajk/ prep. na rozdiel od,
adj. nepodobný

unload /an´loud/ v. vyložiť /náklad/

unlock /´an´lok/ v. odomknúť

unlucky /an´laki/ adj. nešťastný

unpack /´an´paek/ v. vybaliť, rozbaliť

unpleasant /an´pleznt/ adj. nepríjemný

unprepared /´anpri´peerd/ adj. nepripravený

unreal /an´riel/ adj. neskutočný

unrest /an´rest/ s. nepokoj

unstable /an´stejbl/ adj. nestály

untidy /an´tajdi/ adj. neporiadny, neupravený

until /en´til/ prep. až do, až

unusual /an´júžuel/ adj. neobyčajný

up /ap/ adv., prep. hore, do

upbringing /´ap·brining/ s. vychovávanie

upon /e´pon/ prep. na, pri

upper /´aper/ adj. horný, vrchný

upright /´aprajt/ adj. vzpriamený, poctivý

uprising /ap´rajzing/ s. povstanie

upset /ap´set/ v. prevrátiť, rozrušiť, rozčúliť /sa/

upside-down /´apsajd´daun/ adv. obrátene, hore nohami

upstairs /´apsteerz/ adv. hore, na prvom poschodí

up-to-date /ˈapteˌdejt/ adj. moderný
upwards /ˈapwedz/ adv. hore
urge /érdž/ v. ponúkat', poháňat', s. pud
urgent /ˈérdžent/ adj. naliehavý
urine /ˈjuerin/ s. moč
us /as/ pron. nás, nám
use /júz/ v. užívat', použit', spotrebo-
  vat', /jús/ s. užívanie, použitie, úžitok
used /júzd/ adj. zvyknutý, opotrebovaný
useful /ˈjúsful/ adj. užitočný
useless /ˈjúslis/ adj. zbytočný, márny
usher /ˈašer/ s. uvádzač, v. uviest'
usual /ˈjúžuel/ adj. obvyklý, zvyčajný
usually /ˈjúžueli/ adv. obvykle
utmost /ˈetmoust/ adj. vrcholný, krajný,
  s. vrchol, maximum
utter /ˈater/ adj. úplný, v. vyslovit',
  vyjadrit'

V

vacancy /ˈvejkensi/ s. prázdnota, vol'né
  miesto
vacant /ˈvejkent/ adj. prázdny, vol'ný
vacation /veˈkejšn/ s. prázdniny, uprázd-
  nenie
vaccinate /ˈvaeksinejt/ v. očkovat'

vacuum cleaner /ˈvaekjuem ˈklínɐr/ s.
  vysávač

vague /vejg/ adj. neurčitý, matný

vain /vejn/ adj. márny, márnivý

valid /ˈvaelid/ adj. platný

valley /ˈvaeli/ s. údolie

valuable /ˈvaeljuebl/ adj. cenný, hod-
  notný

value /ˈvaeljú/ s. hodnota, cena, v. oce-
  niť, odhadnúť, vážiť si

van /vaen/ s. dodávkový voz

vanish /ˈvaeniš/ v. miznúť

variable /ˈveerjebl/ adj. premenlivý, ne-
  stály

various /ˈveerjes/ adj. rôzny, rozličný

varnish /ˈvárniš/ s. lak, náter

vary /ˈveeri/ v. meniť /sa/

vase /váz/ s. váza

veal /víl/ s. teľacie mäso

vegetable /ˈvedžetebl/ s. zelenina

vehicle /ˈvíikl/ s. vozidlo

veil /vejl/ s. závoj, v. zahaliť

vein /vejn/ s. žila, nálada

velvet /ˈvelvit/ s. zamat

venereal /viˈnierjel/ adj. pohlavný

vengeance /ˈvendžens/ s. pomsta

venison /ˈvenzn/ s. zverina

vent /vent/ s. otvor, prieduch
ventilation /-venti`lejšn/ s. vetranie
verb /vérb/ s. sloveso
verbal /`vérbl/ adj. ústny, slovný
verdict /`vérdikt/ s. rozsudok
verge /vérdž/ s. okraj, pokraj, v. hra-
  ničit'
verify /`verifaj/ v. overit' /si/
vertical /`vértikl/ adj. kolmý, zvislý
very /`veri/ adv. vel'mi
vest /vest/ s. tričko, vesta
via /`vaje/ prep. cez
vicious /`višes/ adj. zlomysel'ný, ne-
  restný
victim /`viktim/ s. obet'
victory /`vikteri/ s. vít'azstvo
view /vjú/ s. pohl'ad, názor, stanovis-
  ko, v. pozerat', mat' názor
vigorous /`vigeres/ adj. silný, energický
village /`vilidž/ s. dedina
vine /vajn/ s. réva
vinegar /`viniger/ s. ocot
violate /`vajelejt/ v. porušit', prestú-
  pit', znesvätit'
violence /`vajelens/ s. násilie,prudkost'
violent /`vajelent/ adj. prudký, násilný
violet /`vajelit/ adj. fialový, s.fialka

violin /•vaje៑lin/ s. husle
virgin /´vérdžin/ s. panna, adj.panenský
virile /´virajl/ adj. mužný
virtue /´vértjú/ s. cnost', prednost'
visa /´víze/ s. vízum
visibility /•vizi៑biliti/ s. viditel'nost'
vision /vižn/ s. zrak, videnie
visit /´vizit/ s. návšteva, v. navštívit'
visitor /´viziter/ s. návštevník
vital /´vajtl/ adj. životný, zásadný,
  osudný
vitamin /´vajtemin/ s. vitamín
vivid /´vivid/ adj. živý, čulý, jasný
vocabulary /ve៑kaebjuleri/ s. slovníček
vocal /´voukl/ adj. hlasový
voice /vojs/ s. hlas, v. vyjadrit'
void /vojd/ adj. prázdny, pustý
volcano /vol៑kejnou/ s. sopka
volume /´voljum/ s. zväzok, objem
voluntary /´volenteri/ adj. dobrovol'ný
vomit /´vomit/ v. vracat', dávit
vote /vout/ s. hlasovanie, hlas, v. hla-
  sovat'
voucher /´vaučer/ s. poukaz
vulgar /´valger/ adj. nevychovaný, vul-
  gárny
vulnerable /´valnerebl/ adj. zranitel'ný
vulture /´valčer/ s. sup

waffle /wofl/ s. oblátka
wage /wejdž/ s. mzda
waist /wejst/ s. pás
wait /wejt/ v. čakat', očakávat', obsluhovat'
waiter /'wejter/ s. čašník
waitress /'wejtris/ s. servírka, čašníčka
wake, woke, woken /wejk, wouk, 'woukn/ v. zobudit'/sa/
walk /wók/ v. chodit', prechádzat' sa, s. chôdza, prechádzka
wall /wól/ s. múr, hradba
wallet /'wolit/ s. náprsná taška
walnut /'wólnet/ s. vlašský orech
wander /'wonder/ v. putovat', blúdit'
want /wont/ s. potreba, nedostatok, v. potrebovat', chciet'
war /wór/ s. vojna, adj. vojnový
warden /'wórden/ s. strážca, správca
wardrobe /'wódroub/ s. šatník, garderóba
warm /wórm/ adj. teplý, srdečný, v. zohriat' /sa/, hriat'
warn /wórn/ v. upozornit', varovat'
warning /'wórning/ s. výstraha, upozornenie
warrant /'worent/ s. zatykač, plná moc, oprávnenie, záruka

wash /woš/ v. umývat'/sa/, prat' s. umý-
vanie, pranie, prádlo

wash-basin /'woš·bejsn/ s. umývadlo

washing-machine /'wošing·me'šín/ s. práč-
ka

wasp /wosp/ s. osa

waste /wejst/ adj. pustý, odpadový, s.mr-
hanie, odpadok, v. mrhat', spustošit'

watch /woč/ s. hodinky, stráž, hliadka,
v. bdiet', pozorovat'

water /'wóter/ s. voda, v. zalievat'

wave /wejv/ v. mávat', vlnit'/sa/, kývat',
s. vlna, mávnutie

wax /waeks/ s. vosk, adj. voskový

way /wej/ s. cesta, spôsob

we /wí/ pron. my

weak /wík/ adj. slabý

weaken /'wíkn/ v. oslabit', slabnút'

weakness /'wíknis/ s. slabost'

wealth /welS/ s. bohatstvo

wealthy /'welSi/ adj. bohatý

weapon /'wepn/ s. zbraň

wear, wore, worn /weer, wór, wórn/ v. no-
sit', mat' na sebe, obnosit', vyčerpat'
sa

weary /'wieri/ adj. ustatý, únavný, v. u-
navit'/sa/, nudit' /sa/

weather /ˈwedzer/ s. počasie

weave, wove, woven /wív, wouv, ˈwouvn/
  v. tkať, piesť'

web /web/ s. tkanina, pavučina

wedding /ˈweding/ s. sobáš

Wednesday /ˈwenzdi/ s. streda

week /wík/ s. týždeň

weekday /ˈwíkdej/ s. robotný deň

week-end /ˈwíkˈend/ s. sobota a nedeľa

weep, wept, wept /wíp, wept, wept/ v.
  plakať'

weigh /wej/ v. vážiť', vážiť' sa

weight /wejt/ s. váha, závažie, bremeno,
  závažnosť'

weird /wierd/ adj. osudný, zvláštny

welcome /ˈwelkem/ s. privítanie, v. pri-
  vítať', adj. vítaný

well /wel/ adv. dobre, správne, tak teda,
  adj. zdravý

well /wel/ s. studna

well-known /ˈwelˈnoun/ adj. známy

well-off /ˈwelˈof/ adj. zámožný

west /west/ s. západ, adj. západný

wet /wet/ adj. mokrý, daždivý, v. máčať'

whale /wejl/ s. veľryba

what /wot/ adj., pron. aký, ktorý, čo

whatever /wotˈever/ adj.,pron. čokoľvek,
  všetko, čo

wheat /wít/ s. pšenica
wheel /wíl/ s. koleso, v. tlačiť, viesť
when /wen/ conj. kedy, keď, až
whenever /wenˊever/ adv. kedykoľvek,
vždy, keď
where /weer/ adv., conj. kde, kam
wherever /weerˊever/ adv. kdekoľvek,
kamkoľvek
whether /ˊwedzer/ conj. či
which /wič/ adj., pron. ktorý, aký, kto, čo
while /wajl/ s. chvíľa, conj. zatiaľ čo,
hoci
whip /wip/ s. bič, v. bičovať, šľahať
whisper /ˊwisper/ v. šepkať, s. šepot
whistle /wisl/ s. pískanie, píšťala,
v. pískať, hvízdať
white /wajt/ adj. biely, s. beloch
who /hú/ pron. kto, ktorý
whoever /húˊever/ pron. ktokoľvek, každý
whole /houl/ adj. celý, s. celok
whom /húm/ pron. koho, komu
whose /húz/ pron. čí, ktorého
why /waj/ adv. prečo, akože
wide /wajd/ adj. široký, adv. široko
widow /ˊwidou/ s. vdova
widower /ˊwidouer/ s. vdovec
width /widS/ s. šírka

wife /wajf/ s. manželka, žena
wig /wig/ s. parochňa
wild /wajld/ adj. divoký, divý, s. divo-
  čina, pustatina
will /wil/ s. vôľa, želanie, v. chciet',
  želat' si
willing /'wiling/ adj. ochotný
willow /'wilou/ s. vŕba
win, won, won /win, won, won/ v. vyhrat',
  získat'
wind /wind/ s. vietor
wind, wound, wound /wajnd, waund, waund/
  v. točit' /sa/, vinút'
window /'windou/ s. okno
windy /windi/ adj. veterný
wine /wajn/ s. víno
wing /wing/ s. krídlo, perut'
winner /'winer/ s. vít'az, výherca
winter /'winter/ s. zima, v. prezimovat'
wipe /wajp/ v. utierat', vytriet'
wire /'wajer/ s. drôt, telegram
wisdom /'wizdem/ s. múdrost', rozum
wise /wajz/ adj. múdry, rozumný
wish /wiš/ v. želat' si, chciet', s. že-
  lanie
wit /wit/ s. dôvtip, vtipnost'
witch /wič/ s. čarodejnica

with /widz/ prep. s, so, u

withdraw /widz´dró/ v. odíst', vziat'
  spät', vybrat'

wither /´widzer/ v. vädnút', schnút'

within /widz´in/ prep., adv. na dosah,
  za, vnútri

without /widz´aut/ prep. bez, bezo

witness /´witnis/ s. svedok, v. svedčit'

witty /´witi/ adj. vtipný

wizard /´wizerd/ s. čarodej

wolf /wulf/ s. vlk

woman /´wumen/ s. žena

wonder /´wander/ v. divit' sa, čudovat'
  sa, byt' zvedavý, s. div, zázrak, údiv

wonderful /´wanderful/ adj. báječný,
  skvelý

wood /wud/ s. drevo, les

wooden /´wudn/ adj. drevený

wool /wul/ s. vlna

woolen /´wuln/ adj. vlnený

word /wérd/ s. slovo

work /wérk/ s. práca, dielo, v. pracovat',
robit'

worker /´wérker/ s. pracovník, robotník

world /´wérld/ s. svet, adj. svetový

worm /wérm/ s. červ

worry /´wari/ v. sužovat' sa, trápit' sa,
  s. starost', trápenie

worse /wérs/ adj. horší, adv. horšie
worship /´wéršip/ s. bohoslužba, uctie-
   vanie, v. uctievat', zbožňovat'
worst /wérst/ adj. najhorší, adv. naj-
   horšie
worth /wérS/ s. cena, hodnota, adj. cen-
   ný, majúci hodnotu
worthless /´wérSlis/ adj. bezcenný
would /wud/ /kondicionál/
wound /wúnd/ s. rana, zranenie, v. zra-
   nit'
wrap /raep/ v. balit', zabalit', zahalit'
   s. obal, šál, prikrývka
wreath /ríS/ s. veniec, kotúč
wreck /rek/ s. vrak, stroskotanie, v.zni-
   čit', stroskotat'
wrestle /resl/ v. zápasit', pretekat' sa
wring, wrung, wrung /ring, rang, rang/ v.
   krútit', žmýkat'
wrinkle /´rinkl/ s. vráska, v. vraštit'
wrist /rist/ s. zápästie
write, wrote, written /rajt, rout, ritn/
   v. písat', zapísat'
writer /´rajter/ s. spisovatel', pisatel'
writing /´rajting/ s. písanie, písmo,
   spis
wrong /rong/ adj. nesprávny, zlý, poka-
   zený, adv. zle, nesprávne, s. zlo,krivda

X

Xmas = Christmas /ˈkrismes/ s. Vianoce
X-ray /ˈeksˈrej/ s. röntgen, v. röntge-
  novat'

Y

yacht /jot/ s. jachta
yard /járd/ s. yard, dvor, dvorček
yarn /járn/ s. priadza
yawn /jón/ v. zívat', s. zívanie
year /jér/ s. rok
yeast /jíst/ s. kvasnice
yell /jel/ s. krik, v. jačat', vrešt'at'
yellow /ˈjelou/ adj. žltý
yes /jes/ adv. áno
yesterday /ˈjesterdi/ adv. včera
yet /jet/ adv. ešte, už, conj.ale,predsa
yield /jíld/ v. vynášat', poskytovat',
  ustúpit', s. výnos, výt'ažok
yolk /jouk/ s. žítok
you /jú/ pron. ty, vy
young /jang/ adj. mladý
your /jór/ pron. tvoj, váš
yourself /jórˈself/ pron. ty sám, vy sami,
  sa, seba